# 提高学习效率的 N 个 法则

上

TI GAO
XUEXIXIAOLVDE
N GEFAZE

韩雪◎编著

中国出版集团
现代出版社

**图书在版编目（CIP）数据**

提高学习效率的 N 个法则（上）/ 韩雪编著. —北京：现代出版社，2014.1

ISBN 978-7-5143-2166-1

Ⅰ.①提… Ⅱ.①韩… Ⅲ.①学习效率 - 青年读物 ②学习效率 - 少年读物 Ⅳ.①G442 - 49

中国版本图书馆 CIP 数据核字（2014）第 008679 号

| | |
|---|---|
| 作　　者 | 韩　雪 |
| 责任编辑 | 王敬一 |
| 出版发行 | 现代出版社 |
| 通讯地址 | 北京市安定门外安华里 504 号 |
| 邮政编码 | 100011 |
| 电　　话 | 010 - 64267325 64245264（传真） |
| 网　　址 | www.1980xd.com |
| 电子邮箱 | xiandai@ cnpitc. com. cn |
| 印　　刷 | 唐山富达印务有限公司 |
| 开　　本 | 710mm ×1000mm　1/16 |
| 印　　张 | 16 |
| 版　　次 | 2014 年 1 月第 1 版　2023 年 5 月第 3 次印刷 |
| 书　　号 | ISBN 978-7-5143-2166-1 |
| 定　　价 | 76.00 元（上下册） |

# 目　录

## 第一章　对学习效率的清醒认识

## 第二章　怎样提高学习效率

# 第三章 教育学与学习效率(上)

# 第一章　对学习效率的清醒认识

## 第一节　什么是效率

### 一、效率的含义

（一）效率的基本含义

效率是指有用功率对驱动功率的比值，同时也引申出了多种含义。效率也分为很多种，比如机械效率、热效率等。效率与做功的快慢没有直接关系。

基本上来说效率是指最有效地使用社会资源以满足人类的愿望和需要，在给定投入和技术的条件下，经济资源没有浪费，或对经济资源做了能带来最大可能性的满足程度的利用，也是配置效率的一个简化表达。

（二）效率的经济学含义

指社会能从其稀缺资源中得到最多东西的特性。即经济蛋糕的大小。

鉴于人的欲望的无限性，就一项经济活动而言，最重要的事情当然就是最好地利用其有限的资源。这使我们不得不面对效率这个关键性的概念。在经济学中我们这样讲：在不会使其他人境况变坏的前提下，如果一项经济活动不再有可能增进任何人的经济福利，则该项经济活动就被认为是有效率的。相反的情况包括："无法遏制的垄断"，或"恶性无度的污染"，或"没有制衡的政府干预"，等等。这样的经济当然只能生产少于"无上述问题"时该经济原本可以生产的物品，或者还会生产出一大堆不对路的物品。这些都会使消费者的境遇比本该出现的情况要差。这些问题都是资源未能有效配置。

1. 是指的单位时间里实际完成的工作量。因此，所谓效率高，就是在单位时间里实际完成的工作量多，对个人而言，意味着节约了时间。

2. 是输出瓦特数与输入瓦特数之比，若此数越接近1，则显示其效率越好，以在线式 UPS 而言，一般的效率约在 70%～80% 之间，即输入 1000W，输出约 700W～800W 之间，UPS 本身即消耗 200W～300W 的功率；而离线式与在线交互式 UPS，其效率约在 80%～95% 之间，其效率较在线式高。

3. 效率是指对于有限资源（如原材料、人力、现金等）的最佳分配方法，当某些特定的标准被达到的时候，就说达到了效率。

4. 达到结果与使用的资源之间的关系。

5. 从管理学角度来讲，效率是指在特定时间内，组织的各种投入与产出之间的比率关系。效率与投入成反比，与产出成正比。公共部门的效率包括两方面：一是生产效率，它指生产或者提供服务的平均成本；二是配置效率它指组织所提供的产品或服务是否能够满足利害关系人的不同偏好。

　　在经济学中，几乎没有比"效率"这一概念应用得更广泛的概念了。自有人类就会有生存和发展问题，也就会有经济活动，而一切经济活动无不是以"效率"为前提的。

　　马克思主义经济学十分重视对经济效率问题的研究，而马克思本人有关经济效率问题的论述，则是我们研究和探讨经济效率问题的基本理论依据。不言而喻，它也是本论文研究投资效率问题的基本理论依据。经济效率问题的核心通常被理解为是资源的节约，或者换句话说，是对资源的有效利用的程度。而马克思则把这一切都归结为是对"劳动时间"的节约。马克思写道："真正的经济——节约——是劳动时间的节约（生产费用的最低限度——和降到最低限度）。而这种节约就等于发展生产力。"那么，如何实现对劳动时间的节约呢？与符合社会需要相联系，马克思认为社会对劳动时间的节约主要是通过对劳动时间按照"适当的比例"进行合理分配和节约使用来实现的。这个过程，作为一种规律，无论在资本主义条件下，还是在社会主义条件下，都存在。马克思曾经这样写道："如果共同生产已成为前提，时间的规定当然仍有重要意义。社会为生产小麦、牲畜等所需要的时间越少，它所赢得的从事其他生产，物质的和精神的生产的时间就越多。"

　　在萨缪尔森的《经济学》中，给效率"下的定义"是效率意味着不存在浪费，即当"经济在不减少一种物品生产的情况下，就不能增加另一种物品的生产时，它的运行便是有效率的"。这时经济处于生产可能性边缘之上。

　　在新古典经济学中使用的这个概念有一个精确的、但相当狭窄的含义，它是由意大利经济学家和社会学家帕累托（Pareto）在20世纪初他的著作《政治经济学讲义》和《政治经济学教程》中给出的。他的定义是："对于某种资源的配置，如果不存在其他生产上可行的配置，使得该经济中的所有个人至少和他们的初始时情况一样良好，而且至少有一个人的情况比初始时严格地更好，那么资源配置就是最优的。"尽管帕累托使用的是"最优"这个词，它实际上是效率的一个定义，后来"帕累托最优"已渐渐被"帕累托有效率"代替。帕累托的这个定义被西方经济学界广泛使用。

而我国学者给经济效率下的定义是："经济效率是指社会利用现有资源进行生产所提供的效用满足的程度，因此也可一般地称为资源的利用效率。它是需要的满足程度与所费资源（成本）的对比关系。因此，需要明确的是，它不是生产多少产品的简单的数量概念，而是一个效用概念或社会福利概念。当然，在有的经济学论著中，又把经济效率概括为"配置效率、组织效率、动态效率"。

笼统地讲，经济学就是一门研究在一定条件下，人们如何将有限的资源在若干种可供选择的用途上进行配置，以便最大限度地满足人类欲望的科学。因此，无论经济学家们怎样给经济学下定义，其核心都离不开"将有限资源在几种可供选择的用途上进行配置"这个主题。实际上，这也是对经济效率内涵的最传统、最一般的概括。

## 二、关系

效率×时间＝价值总量

## 三、事例

先给同学们讲个故事，约瑟夫和威廉是两个好朋友，他们同时被一家公司录用。在开始的半年里，他们一样努力，每天工作到很晚。最后都得到了总经理的表扬。可是半年后，约瑟夫得到了提升，从普通职员一直升到部门经理。而威廉却似乎始终被冷落，到现在还是一个普通的职员。

终于有一天，心中不平的威廉向总经理提出了辞呈，并痛斥了公司的用人不公。总经理没有生气，他希望帮助威廉找到问题的关键。因为他知道威廉虽然工作努力，但效率不高。这也是他一直没有得到提升的主要原因。

总经理微笑地看着他，忽然想出了一个主意。"威廉先生，请你马上到集市上去，看看今天有什么卖的。"威廉很快从集市回来说，刚才集市上只有一个农民拉了一车土豆卖。"一车大约有多少袋，多少斤？"总经理问。威廉又跑去，回来说有10袋，100斤。"价格是多少？"威廉再次跑到集市上。当威廉回来的时候，总经理对气喘吁吁的他说："休息一会吧，你可以看看约瑟夫是怎么做的。"

约瑟夫需要完成的是同样的事情，但结果却大不一样。他很快从集市回来了，并且向总经理汇报说，到现在为止只有一个农民在卖土豆，有10袋共100斤，价格适中，质量很好，他带回几个让经理先看看。价格便宜，公司可以采购一些。而且还把那个农民也带来了，他现在正等在外边。

听完约瑟夫的汇报，总经理非常满意地点了点头。而这时，站在一旁的威廉也已经明白了一切，"这就是自己和别人之间的差别。"

效率的差别来自做事过程的不同，不同的人在做同样一件事结果就会大不相同。学习也一样，看着大家都在教室里坐着上课，学习的时间也一样，但成绩却完全不一样，这就是学习效率的差距。

我们也可以举个简单的例子：假如你的学习效率不高，10 分钟只背了 10 个单词，你们班的第一名学习的效率比较高，他 10 分钟备了 30 个单词，然后你再花 30 分钟背 30 个单词，而你们班的第一名也花了 30 分钟背单词就可以背 90 个单词，同学们就可以有个很重要的发现：只要学习效率有了差距，这种差距不是平行发展的，而是越拉越大，这就是为什么很多同学刚入校时差距不大，而几年下来成绩就会有天壤之别的原因。

北京 22 中是个很普通的中学，而孙维刚是这个学校的数学老师兼班主任，孙维刚老师带班期间要学生每天保证 9 小时睡眠的时间；他每天带领学生上一节特殊的课，下午放学后女生跑 800 米，男生跑 1500 米；他组织学生积极开展艺术活动，鼓励学生发展特长；6 年中不留家庭作业，学生不买练习册。但在 1992 年的高考中，他执教的北京 22 中高三（4）班，高考平均分达 534 分，全班 40 人中有 15 人被清华大学、北京大学录取；1996—1997 年度全国数学联赛中，全班共 14 人获奖；1997 年高考，全班 40 名同学平均分为 558. 67 分，数学平均分为 117 分，38 人达到全国重点大学录取线，600 分以上的 9 人，22 人考入北大、清华。而在当年升入中学时，这个班 2/3 的学生，成绩低于区属重点中学的录取分数线。讲这个案例是想让同学们知道提高学习效率完全可以做到，而只有提高了学习效率，学习成绩的提高了才会有更大的空间。

## 第二节　学习效率的内涵

### 一、学习效率的定义

学习效率简而言之就是学习的效率，即是在单位时间内的学习的成果。对于不同的人来说每个人的学习效率都是不同的，怎样才能在单位时间内得到更多的学习成果，在有效的时间内创造无限的价值，这就需要用学习效率来保证。

（一）学习效率对学生的重要性

学习效率对中学生的重要性无须多言。提高孩子的学习效率是每个老师的心愿，更是学生及其家长的追求目标。学习兴趣、学习能力和学习效率三者是和谐统一的辩证关系，将这3项标准严格细化到学习过程中，并以学生的考试分数快速提分、学习情绪饱满有力、学习效能完善健全为最好的效果体现形式。

（二）学习效率与学习成绩的关系

在当代社会经济、科技、信息技术迅速发展，对人们的知识水平要求越来越高。与此同时，父母也越来越重视对子女的教育，提高学习成绩成为每个家长对孩子的期望。为了提高学习成绩，学习效率成为一个极其重要的因素。只有提高学习效率才能使我们在有限的时间内学到更多的知识，更有效地提高学习成绩。同时在学习成绩提高之后也会激发同学们的学习兴趣，使他们的学习效率更高。

学习效率和学习成绩之间相互影响相互促进，在对立统一中不断发展不断进步，共同推动知识经济的发展。

## 二、事例

爱迪生一生只上过 3 个月的小学，他的学问是靠母亲的教导和自修得来的。他的成功，应该归功于母亲自小对他的谅解与耐心的教导，才使原来被人认为是低能儿的爱迪生，长大后成为举世闻名的"发明大王"。爱迪生从小就对很多事物感到好奇，而且喜欢亲自去试验一下，直到明白了其中的道理为止。长大以后，他就根据自己这方面的兴趣，一心一意做研究和发明的工作。他在新泽西州建立了一个实验室，一生共发明了电灯、电报机、留声机、电影机、磁力析矿机、压碎机等等总计 2000 余种东西。爱迪生的强烈研究精神，使他对改进人类的生活方式，作出了重大的贡献。"浪费，最大的浪费莫过于浪费时间了。"爱迪生常对助手说。"人生太短暂了，要多想办法，用极少的时间办更多的事情。"一天，爱迪生在实验室里工作，他递给助手一个没上灯口的空玻璃灯泡，说："你量量灯泡的容量。"他又低头工作了。过了好半天，他问："容量多少？"他没听见回答，转头看见助手拿着软尺在测量灯泡的周长、斜度，并拿了测得的数字伏在桌上计算。他说："时间，时间，怎么费那么多的时间呢？"爱迪生走过来，拿起那个空灯泡，向里面斟满了水，交给助手，说："里面的水倒在量杯里，马上告诉我它的容量。"助手立刻读出了数字。爱迪生说："这是多么容易的测量方法啊，它又准确，又节省时间，你怎么想不到呢？还去算，那岂不是白白地浪费时间吗？"助手的脸红了。爱迪生喃喃地说："人生太短暂了，太短暂了，要节省时间，多做事情啊！"爱迪生未成名前是个穷工人。一次，他的老朋友在街上遇见他，关心地说："看你身上这件大衣破得不像样了，你应该换一件新的。""用得着吗？在纽约没人认识我。"爱迪生毫不在乎地回答。几年过去了，爱迪生成了大发明家。有一天，爱迪生又在纽约街头碰上了那个朋友。"哎呀"，那位朋友惊叫起来，"你怎么还穿这件破大衣呀？这回，你无论如何要换一件新的了！""用得着吗？这儿已经是人人都认识我了。"爱迪生仍然毫不在乎地回答。爱迪生小时候，一个大雪天的夜晚，爱迪生的妈妈突然生病了，爸爸急忙找来医生。医生说："她得了急性阑尾炎，需要开刀做手术"。那时候只有油灯没有电灯，油灯的光线很暗，一不小心就会开错刀。爱迪生突然想起一个好办法，他把家里所有的油灯全都端了出来，再把一面镜子放在油灯的后面，让医生顺利地做完了手术。医生说："孩子，你是用你的智慧和聪明救了你的妈妈。"爱迪生拉着妈妈的手说："妈妈，我要制造一个晚上的太阳。"

## 第三节　高效学习的标准

### 一、时间标准

在考试中每次监考都会有些同学捂着卷子不让收，央求再给几分钟好把卷子做完，但实际上考学生的解题速度本来就是考试的一项内容。还有一个学生，这个学生很厉害，只要给他足够的时间，他都可以把卷子上的题作对，而且不丢一分，但实际上每次考试他都做不完，为什么呢？就是因为她的解题速度慢，所以高效学习的第一个标准就是较好地完成一项学习任务花的时间越少越好。

（一）时间的含义

1. 时间的基本概念

时间是指宏观一切具有不停止的持续性和不可逆性的物质状态的各种变化过程，其有共同性质的连续事件的度量衡的总称。这是一个较为抽象的概念，爱因斯坦在相对论中提出：不能把时间、空间、引力三者分开解释，"时"是对物质运动过程的描述，"间"是指人为的划分。时间是思维对物质运动过程的分割、划分。

时间是人类用以描述物质运动过程或事件发生过程的一个参数，确定时间，是靠不受外界影响的物质周期变化的规律。例如月球绕地球运转的周期，地球绕太阳周期，地球自转周期，原子震荡周期等。爱因斯坦说时间和空间是人们认知的一种错觉。大爆炸理论认为，宇宙从一个起点处开始，这也是时间的起点。

2. 时间是一个多变的概念

用不同的语言来解释，时间便有了不同的含义。

（1）用数学语言来说，时间是一个常量。一天 24 小时，不会因为你是总统国王、达官贵人而多给一分；也不因为你是布衣平民、乞丐叫花而少给一秒。它就像一架天平，对每个人都是平等的。而时间又是一个变量，惜时如金的人，24 小时可以作 48 小时来用，甚至更多；费时似水的人，24 小时也许只剩下 12 小时，甚至更少。同样是 24 小时，勤奋的人善于利用时间，它把时间的利用做成了加法；懒惰的人却白白地浪费时间，它把时间的利用做成了减法。

（2）用化学语言来说，时间就像是电子、质子、中子，而知识又好比是分子、原子、离子。如果你是一个高明的化学家，你会利用你的知识把它成功地与时间组合起来，在组合的过程中，让它们产生威力无比的核裂变反应，从中你可以获取巨大的能量，并通过它来创造知识，创造财富，创造世界上从未出现过的辉煌。

（3）用物理语言来说，时间又是一个标量。一天是 24 小时，那它就是 24 小时，它不会因为你的无聊而缩减成 12 小时，也不会因为你的懊恨再奖励你 24 小时，它不因人的意志为转移。时间又是一个矢量。那些惜时而求进的人，他能大步地跨越时间，走到时间的前面，走到世界的前面；而懒散不求上进的人，他们总滞留在时间的后面，随意糟蹋时间，甚至还拖着时间向后走，以至落到时代的后面。

（4）用经济学语言来说，时间是一般等价物。你一旦降生人间，造物主就签发给你一张币值相等的支票，以一天计，你是 24 小时，他是 24 小时，我也是 24 小时，它童叟无欺，从不做假。但拿了这张支票怎么用，那属于个人的自由了。你可以用它投资产品，因此获取高额的利润和回报，你也可以用它投机赌博，因运气不佳或手气不好而血本无归。

（5）最后还是用文学家的语言来收束文章。请听听朱自清对时间的描述："洗手的时候，日子从水盆里过去，吃饭的时候，日子从饭碗里过去……"时间如白驹过隙稍纵即逝，时间如"黄河之水天上来，奔流到海不复回"，让我们学会把握住手中的分分秒秒，要知道，一天并不是 24 小时，而是 86400 秒。让我们记住这样的一句话：时间是组成生命的材料，珍惜时间也就意味着珍惜生命！

（二）时间的价值

时间就像精灵一样，你想它过得快的时候它却如蜗牛般慢慢爬行；当你需要的时候却总觉得不够。可一切都显得那么的自然，也感觉在梦中一般，不知是醒了还是犹在梦中。我想人就是在这种矛盾中逐渐成长，并在这种成长中学会掌控时间，使它随自己的心情或快或慢。这当然是一种境界，需要经历很多事情的磨砺后达到这种能收放自如的超然境界。有些人活了一辈子仍然觉得自己一生无所事事，时间一晃而过或者度日如年。所以学会一种生活方式、形成一种世界观和价值观显得尤为重要。这需要在成长的过程中通过不断学习、思考、总结来提高自我，使人生的每一步都是最本人的超脱和扬弃。

时间是人最大的成本，同样也是每个人的资本和财富。时间对每个人都是公平的，给每个人的一天都是 24 小时，1440 分钟，从你来到这个世界的那天开始，它就陪伴着你过每一天，无论你是贫、是富、是贵、是贱，时间就从来没离开过你。

时间是有限的，同样也是无限的，有限的是每年只有 365 天，每天 24 小时，但他周而复始的在流逝，人生匆匆不过几十个春秋，直至老去的那天，时间还是那样，每一分每一秒的在走，像是无限的一样，但它赋予我们每个人的生命是有限的。

著名作家鲁迅先生曾经说过：时间是组成生命的材料，浪费别人的时间无异于谋财害命。所以我们做任何事情，都必须认认真真，不要浪费自己的一分一秒，更不要浪费别人的时间。

## 二、数量标准

什么是数量标准呢？就是在单位时间内完成的学习任务越多越好。有个学生要求自己每天做作业的速度要比别人快半小时，余下的时间做课外题，一学期下来，他比别人多做了厚厚的一大本练习册，再后来的奥赛中，这个学生取得了全国第一名的好成绩。这就是因为这个学生每天都比别人多做一点，正如背单词你每天都比别人多背一些，比如一天比别人多背 10 个，10 天多背 100 个，100 天多背 1000 个，一年以后就没有人超过你的词汇量了。你每天比别人多走 1 步，10 比别人多走 10 步，100 天多走 100 步，别人就没法跟你比。这就是高效学习中数量的概念。

数量简言之就是事物的多少，在学习中每个学生在单位时间内学到知识的数量是不同的，所以在一定的程度上数量是具有决定性的作用的。学习的数量标准是学习成绩的重要因素。

## 三、质量标准

什么是质量标准呢？该大家讲个故事：在清朝末年河北深县有一位武术名家叫郭云深。因铲除恶霸，犯了人命官司，被关进监牢，仍苦练功夫，由于项上有枷，脚上铁镣的缘故，练就了只能迈出半步的绝技——半步崩拳，后来郭云深凭借这一招名扬大江南北，以"半步崩拳打遍天下"而著称。郭云深练得招数并不多，但却练到了出神入化的境界，所以才能以一招扬名天下。我们很多同学题做了很多，但仅满足于做出答案，却很少去深入思考，结果题目换种形式就又不会了，毕竟思维能力是各种考试的核心内容，所以，学贵心悟，这就体现了高效学习的质量标准。

（一）质量的内涵

质量的内容十分丰富，随着社会经济和科学技术的发展，也在不断充实、完善和深化，同样，人们对质量概念的认识也经历了一个不断发展和深化的历史过程。物理学中，质量是 7 个基本单位之一，用来表示"物体平动的惯量"和"物体对其他物体的引力大小的量度"。质量目标的定义是："在质量方面所追求的目的"。从质量管理学的理论来说，质量目标的理论依据是行为科学。产品明示的质量要求，是指生产者对产品的质量所作出的明确的质量承诺法。

质量是一组固有特性满足要求的程度，术语"质量"可使用形容词如差、好或优秀来修饰。

"固有的"（其反义是"赋予的"）就是指在某事或某物中本来就有的，尤其是那种永久的特性。质量体系中质量是一组固有特性满足明示的、通常隐含的或必须履行的需求或期望的程度。

（二）质量的表现

1. 人类通过劳动增加社会物质财富，不仅表现在数量上，更重要的是表现在质量上。质量是构成社会财富的关键内容，从人们的衣、食、住、行，到休闲、工作、医疗、环境等无不与质量息息相关。

2. 质量赋予特性不是固有的，不是某种事物本来就有的，而是完成产品后因不同的要求而对产品所增加的特性。产品的固有特性与赋予特性是相对的，某些产品的赋予特性可能是另一些产品的固有特性，例如：供货时间及运输方式对硬件产品而言，属于赋予特性；但对运输服务而言，就属于固有特性。

3. "物有所值"体现了质量的经济性。而学有所获是质量的学习标准。

（三）关于质量的"要求"

要求指"明示的、通常隐含的或必须履行的需求或期望"。

1. "明示的"可以理解为是规定的要求。如在文件中阐明的要求或顾客明确提出的要求。

2."通常隐含的"是指组织、顾客和其他相关方的惯例或一般做法，所考虑的需求或期望是不言而喻的。例如：化妆品对顾客皮肤的保护性等。一般情况下，顾客或相关方的文件（如：标准）中不会对这类要求给出明确的规定，组织应根据自身产品的用途和特性进行识别，并做出规定。

3."必须履行的"是指法律法规要求的或有强制性标准要求的。如食品卫生安全法、GB 8898"电网电源供电的家用和类似用途的电子及有关设备的安全要求"等，组织在产品的实现过程中必须执行这类标准。

4. 要求可以由不同的相关方提出，不同的相关方对同一产品的要求可能是不相同的。例如：对汽车来说，顾客要求美观、舒适、轻便、省油，但社会要求对环境不产生污染。组织在确定产品要求时，应兼顾顾客及相关方的要求。

要求可以是多方面的，当需要特指时，可以采用修饰词表示，如产品要求、质量管理要求、顾客要求等。

（四）质量的特性

从质量的概念中，可以理解到：质量的内涵是由一组固有特性组成，并且这些固有特性是以满足顾客及其他相关方所要求的能力加以表征。质量具有经济性、广义性、时效性和相对性。

1. 质量的经济性：由于要求汇集了价值的表现，价廉物美实际上是反映人们的价值取向，物有所值，就是表明质量有经济性的表征。虽然顾客和组织关注质量的角度是不同的，但对经济性的考虑是一样的。高质量意味着最少的投入，获得最大效益的产品。

2. 质量的广义性：在质量管理体系所涉及的范畴内，组织的相关方对组织的产品、过程或体系都可能提出要求。而产品、过程和体系又都具有固有特性，因此，质量不仅指产品质量，也可指过程和体系的质量。

3. 质量的时效性：由于组织的顾客和其他相关方对组织和产品、过程和体系的需求和期望是不断变化的，例如，原先被顾客认为质量好的产品会因为顾客要求的提高而不再受到顾客的欢迎。因此，组织应不断地调整对质量的要求。

4. 质量的相对性：组织的顾客和其他相关方可能对同一产品的功能提出不同的需求；也可能对同一产品的同一功能提出不同的需求；需求不同，质量要求也就不同，只有满足需求的产品才会被认为是质量好的产品。

质量的优劣是满足要求程度的一种体现。它须在同一等级基础上作比较，不能与等级混淆。等级是指对功能用途相同但质量要求不同的产品、过程或体系所做的分类或分级。

质量概念的关键是"满足要求"，这些"要求"必须转化为有指标的特性，作为评价、检验和考核的依据。由于顾客的需求是多种多样的，所以反映产品质量的特性也是多种多样的。它包括：性能、适用性、可信性（可用性、可靠性、维修性）、安全性、环境、经济性和美学性。质量特性有的是能够定量的，有的是不能够定量的，只有定性。实际工作中，在测量时，通常把不定量的特性转换成可以定量的代用质量特性。

## 四、事例

周恩来小时候的故事，鸡叫三遍过后，周家花园里传出了阵阵琅琅的读书声："锄禾日当午，汗滴禾下土。谁知盘中餐，粒粒皆辛苦。"读着、读着，周恩来很快就把这首诗背得滚瓜烂熟了，但他总觉得没有透彻领会诗的意境：每一粒到底有多辛苦呢？第二天，周恩来来到蒋妈妈家玩。吃饭的时候，他望着白花花的大米饭迫不及待地问道："蒋妈妈，这大米饭是怎么来的呢？"蒋妈妈很喜欢周恩来好问的精神，就笑着告诉他："大米是稻子舂成的。稻子浑身有一层硬硬的黄壳。它的一生要经过浸种催芽、田间育秧、移栽锄草、施肥管理、除病治虫、收割脱粒，一直到舂成大米。""啊，吃上这碗大米饭，可真不容易啊！"周恩来惊讶地说。"是呀，这十多道关，也不知道要累坏多少种田人呢，这香喷喷的大米饭是种田人用血汗浇灌出来的。"蒋妈妈深有感触地说。蒋妈妈一番深刻的教诲，不仅加深了周恩来对诗意的理解，更激励他勤奋学习。为了过好习字关，他除了认真完成老师布置的作业外，还坚持每天练 100 个大字。有一天，周恩来随陈妈妈到一个路途较远的亲戚家，回来时已是深夜了。一路上风尘劳累，年幼的恩来已精疲力尽、呵欠连天，上下眼皮直打架，但他仍要坚持练完 100个大字再休息。陈妈妈见状，心疼不过，劝道："明天再写吧！""不，妈妈，当天的事当天了！"周恩来说服了陈妈妈，连忙把头埋在一盆凉水里，一下子把瞌睡虫赶跑了，头脑也清醒多了。100个字刚写完，陈妈妈一把夺过恩来的笔说："这下子行了吧，快睡觉！""不！"周恩来仔细看完墨汁未干的 100 个大字，皱着眉头认真地说："陈妈妈，你看这两个字写歪了。"说着，周恩来白嫩的小手又挥起笔来，把那两个字又写了 3 遍，直到满意为止。

## 第四节　提高学习效率的原则

### 一、优化学习的各个因素及其关系

提高学习效率必须对影响学习效率的各个因素进行改善优化，这就像学习跳舞的基本功，基本功不好，舞就跳不好。另外，还要对各因素进行优化，只要涉及到多因素的事物都存在一个优化的问题。相信大家都知道著名的教育家魏书生，他为提高学生的学习效率而讲过一个烙饼的故事，故事的内容如下：某人要烙 3 张饼，一锅可烙两张，两分钟烙熟饼的一面，问需多少时间烙完 3 张饼？不少同学脱口而出："8 分钟。"可魏老师说："很对，有没有更短的时间呢？然后魏书生转身在黑板上写下了这样的方式：甲正面 + 丙反面，乙正面 + 甲反面，丙正面 + 乙反面：2 分钟 +2 分钟 +2 分钟 =6 分钟。这就是一个运筹的例子。

近年来，随着高校的连年扩招，"普高热"不断升温。中等职业学校的生源格局发生了很大的变化，在学生中不同程度地存在有畏难、厌学情绪。教师必须在改进教学方式、方法的同时，采取切实可行的措施来激发学生的学习动力。在封建社会里，教师和家长常常以"书中自有黄金屋，书中自有颜如玉"来激励学子寒窗苦读，激发学生的学习动力。在 21 世纪的今天，我们当然不能再用这些封建的、腐朽的思想来激发学生的学习动力。我们必须以时代的精神，用科学的方法寻求激发学生学习动力的措施。心理学研究表明："学习的过程必须以人的全部心理活动为基础，而人的心理活动可分为认知过程和意向过程，前者与人的智力因素有关，后者与人的非智力因素有关。"智力因素对学习的影响固然重要，但它很大程度上属于先天因素；而非智力因素对人的成长有着重要的影响，对于学生的学习也起着举足轻重的作用。在中专的教学过程中，重视优化学生的非智力因素，促进智力因素的发展，乃是激发学生的学习动力，提高学生学习效率，实现培养目标的重要课题。我认为应从以下几方面来优化学生的非智力因素，激发学生的学习动力。

（一）进行专业认识教育，明确学习目标

学生从普通中学进入到中等职业学校，是人生一次重大转折。此时，大多数学生对职校感到无以适从，不知如何学习，不知如何走好 3 年职校之路。虽已选定了专业，但并不一定了解它、热爱它，对于所学专业相对应职业群的素质要求更是一片茫然。由于过去受应试教育的影响，大部分学生对自己、对社会、对职业缺乏应有的了解。这些问题如果不能及时、正确地给予指导和解决，往往会影响学生今后的学习、就业、甚至人生道路。我们必须通过进行专业认识教育，使学生了解所学专业的知识结构及其在社会经济中的地位和作用；了解所学专业今后就业情况；了解未来社会和职业发展对学生的素质要求、全面认识自己和社会，使学生能巩固专业思想、端正学习态度、明确学习目标。

（二）激发学生的学习动机

动机是引发个体行为的内在状态，动机的作用是促使人进行有目的的行动。它产生于需要，当需要得不到满足时，有机体内部就会产生一种动力，使人导致需要的满足。对某种事物有强烈动机的人，通常表现出较高的积极性，长久的坚持性和一定的指向性。这就促使他尽最大努力向所期望的目标迈进。学习动机实际就是学生对学习的一种需要，是引起维持和推动学生学习的一种内部动力。作为教师，要激发学生的学习动机，要经常不断地向学生介绍现代社会经济文化的发展状况和社会发展对知识的要求；进行世界观和人生观的教育，培养学生高尚的精神世界，使他们具有不懈的追求。斯大林说过："伟大的热情产生于伟大的目的。"如果学生精神世界丰富了，清楚了社会发展对自己提出的知识要求，他们就会自觉地思考社会，思考人生，渴望学会对自己今后的生存和发展有着重要影响的各方面技能，就会主动地、自觉地、长久地去吮吸知识，尽自己最大的努力去学习、思考和探索。

（三）培养学生的学习兴趣

兴趣和爱好是学习的一种动力，它往往可以使人废寝忘食。相反，如果对知识，对科学没有兴趣；对自己所学的专业没有兴趣，把学习看成是一种负担，当然就不会有好的学习效果。著名物理学家丁肇中教授用了6年时间，完成了该花10年时间才能完成的科研工作。当记者问他："你不觉得苦吗？"他回答："噢，不，不，不，一点也不。我觉得很快活，因为我有兴趣，我急于探索物质世界的秘密。"在教学活动中，如何激发和培养学生浓厚的学习兴趣呢？我觉得，不能只靠干巴巴的说教，必须根据学生的心理素质和智力发展水平采取相应的教学措施。首先，要让学生明确认识到知识的作用和用途，也就是使学生觉得这个学科值得学习，以此来激发他们的学习兴趣。二是让学生在获得知识的同时，学会运用知识，不断地帮助他们在学习上获得成功，产生愉快的情绪，以此培养他们长久的学习兴趣。三是教师，特别是班主任要热爱学生，尊重学生，信任学生，关心学生，表扬学生在学习上取得的进步，以调动学生的学习积极性。四是教师在教学过程中，要充分发挥各学科的特点，采用新颖、富有特色的教学方法，培养学生浓厚的学习兴趣。

（四）提高学生的心理素质

有了正确的学习动机和浓厚的学习兴趣后，还必须有坚强的意志和坚韧不拔的毅力。法国著名的生理学家贝尔纳说："那些没有受过为未知物折磨的人，不知道什么是发明的快乐。"一旦尝到了成功的甜头，兴趣和爱好就不禁油然而生了。学习是一种很艰苦的脑力劳动，无论学好哪门课，掌握哪一门技术，都需要有坚强的意志和毅力来支撑。作为教师，要帮助学生克服一个个困难，扶助他们登上一个个台阶，培养学生脚踏实地的刻苦精神，树立起遇到困难不却步，勇往直前的精神。还要努力克服学生内心的不良因素，有意识地去让他们磨炼意志，锻炼毅力，牢固地把握人生的坐标和志向，从而培养出更多的一专多能的复合型人才。

在中等职业教育中，教师，特别是班主任必须根据学生的特点和经济社会发展对学生的要求，因材施教，在注重发挥学生的智力因素的同时，充分重视培养和优化学生的非智力因素，激发学生的学习动力，使学生真正能学有所得，学有所成。通过 3 年的职业教育，把学生培养成为具有自身特点和时代特色的、掌握一定专业知识和职业技能并符合人才市场需求的高素质劳动者。

清华大学有一个学生叫李晨，高三第一次模考时只考了 400 多分，她相信这绝不是她实际的水平，她冷静分析了自己问题，发现自己每天回到家后的四五个小时的学习时间效率并不高，原因是因为状态不好，实在一种疲惫困倦的情况下学习的，效率当然无从保证了，她就调整了自己的学习节奏，放学回了家先睡 15 分钟到半个小时的觉，等妈妈做好饭就叫醒她，然后吃饭，再散上 15 分钟的步，接下来学习，高考时她考了 600 多分，如愿以偿地考入了清华大学。这也个运筹的过程，所以，提高学习效率首先要优化学习的各个因素及其关系。

## 二、寻找个性化的学习方法

我们经常讲学习方法，那么什么是最好的学习方法呢？所谓最好的学习方法就是最适合自己的学习方法，很多同学到了高三还在寻找方法，这就存在很多问题，因为适合自己的学习方法形成得越早越好，比方说考试前到底应该做题还是看书就需因人而异，成绩比较好的同学可以适当做题，基础较差的同学就应该把精力放在课本上。在认知风格上有依存性的同学，学习时可以多让老师指导，或几个同学合作学习，我们有的同学互相抽背单词，背不上来就输羊肉串，效果也挺好的；认知风格属于独立性的同学就喜欢自己学习，尽可能避免外界干扰。

学习问题研究专家们认为：没有一个孩子是学不好的。每一个都能学好，除非他有天生的智能障碍。学习是一种本能，每一个孩子都是天生的成功学习者。孩子从来不缺乏学习能力。学习是快乐而有趣的。之所以学不好，是因为：没有发现他的学习模式和优势，没有利用他固有的学习模式去学习，没有找到适合他的学习策略，存在阻碍学习的因素，心理的，或生理的，或环境的等。多种因素共同影响孩子的学习，必须有一种方法对此做出全方位的评价。学习问题有的时候是心理问题，从心理层面上的解决才是最彻底的解决。如果说学校是正餐，补课是点心，那么解决学习问题的一个重要任务就是：打开学习的胃口。每一个孩子都是与众不同的，有自己独特的天赋特性、偏好和天生优势，也有不同于别人的弱点。解决孩子的学习问题，应该用个性化的方法去适应学习上的要求。孩子是学习和训练的主体。自我管理式训练是一种最佳的训练方法。没有一种学习方法是万能的，只有适合孩子的，才是最好的。孩子之间存在智力差异，但这种差异不足以造成成绩差异，因为人的大脑潜能是无限的，只要多发挥一点就可以超过其他人。不管孩子现在的成绩如何不好，只要找到合适的解决方法，他就能学好。

（一）创造适合自己的个性化学习方法

好的学习方法，可以提高学习效率，可以加深对知识的掌握程度，更可以提高考试成绩（这是最重要的），从而使我们的学习事半功倍，也树立了对学习的自信心。由此可见学习方法的重要性。好的学习方法，固然很重要，但是不是"好的学习方法"对每个自考生来说都能称之为"好"？笔者不敢这么说。好的学习方法，通常是由在学习上比较成功的人总结出来的，他所总结的东西更多的代表他自己的学习特点，不可能100%的适应所有人。所以说，对于学习方法，我们一定要有选择，有借鉴。也就是说，要选择适宜自己的学习方法。事实上做到这一点，并不很容易。我们从小学、初中、高中，甚至到了大学，我们一直在走"学习方法群体化"的路。可能大家都有这方面的经验，老师找个学习好的同学介绍一下学习方法，然后大家都要跟着学，尤其是小学生和初中生，更是如此。我很纳闷，如果说学生年龄小，没有选择学习方法的权利，难道老师就可以将某个人的学习方法强压在大多数学生的身上吗？我们从小受到的基础教育都是这样，你是，我是，大家都是。我没有资格批评传统的"学习方法群体化"，但我想说："群体化"实在是不怎么高明，它让我们做了这么多年"听话的好孩子"，以至于我们都缺乏自己最个性化的东西。

所谓"学习方法个性化",是建立在基本学习方法之上的更适合自己学习特点的方法。像什么课前预习、课后复习等等的基本学习方法我们不必再说,我们主要讨论的是更接近于人性化、理性化的学习方法。我们首先要从自己出发,看看自己是什么性格特点和学习特点,这样我们就不至于照搬别人的方法,而是借鉴别人的方法,久而久之,我们甚至可以总结出自己的学习方法供别人借鉴。这才是真正的学习,是交流的学习,是开放的学习。如果你把别人的不适合自己的学习方法硬背在自己身上,好像一个大包袱,你说你累不累? 这样怎么能学好呢?"个性化",不仅体现在学习方面,其他诸多领域都需要发挥我们的"个性"。我们学习自考采用"个性化",实际上也锻炼了我们的"个性化"。在未来的社会竞争中,做到"别人可以的我也可以,别人不可以的我还是可以",就是"个性化"的最好体现和发挥。我们自考生一定要把"个性化"发挥得淋漓尽致!(大家注意,我说的这个"个性"褒义的,不是指的"任性"或"拽"等等反面事例)

回到开头,到底什么是"好的学习方法"? 其实就一句话:适合自己特点的学习方法就是好的学习方法! 不适合自己的就不是好方法!

(二) 个性化的学习

所谓"个性"是指一个人在生理方面和心理方面的各种特点。它包括各个人的共同特点也包括每一个人的个别特点。个性化学习:每一个孩子都是与众不同的,有自己独特的天赋特性、偏好和天生优势,也有不同于别人的弱点,孩子的学习风格、生理心理状况、智能组合、兴趣爱好、知识基础、认知结构、能力水平、成长环境、气质类型等各不相同。解决孩子的学习问题,应该用个性化的手段去寻找适合孩子本身的个性化的学习模式和学习策略，激发孩子本身的优势，明确所存在的问题，用个性化的方法去适应学习上的要求。

（三）学习方式

所谓学习方式指的是学生在完成学习任务时认知、情感、行为的取向，它不仅包括相对的学习方法及其关系，而且涉及学习习惯、意识、态度、品质等心理因素。

从心理学的角度来看，学生的学习方式有接受和发现两种。接受学习中，学习内容以定论的形式直接呈现出来，学生的心理机制或途径是同化，学生是知识的接受者；在发现式学习中，学习内容是以问题形式间接呈现出来，学生学习的心理机制或途径是顺应，学生是知识的发现者。两种学习方式各有所适。但是，传统的教学过分强调接受式的学习，学生往往处于被动的地位，学习变成了以背书、记忆为主的过程，几乎完全剥夺了学生的探究能力和创造性的发挥。这样不仅忽视了学生在成长过程中心理发展的特点，还严重地妨碍了学生的发展，成为学生成长路上的一块绊脚石。小学生尤其是高年级的学生已经能够根据事物的本质特征和内在联系进行恰当的判断、归纳或演绎，有的学生甚至还能不受事物的具体情节所局限，超出直接感知的事物，提出假设，进行推理和论证，根据掌握的资料，进行分析和科学实验，做出判断和推理，从而发现事物的内在联系。因此要促进学生学习方式的改变就必须倡导学生自主学习、合作学习、探究学习的学习方式。

自主学习强调个体独立、主动、自觉、自我负责的学习，强调对学习的自我定向、自我监控、自我调节和自我评价，与被动学习是相对的；合作学习则强调以小组为依托，以群体的分工协作来进行获取知识，与独立学习相对；探究学习则以问题为依托，以发现的方式来获得知识和技能，与接受式学习是相对的。3种学习方式强调的重点不同，反映了不同的学习价值倾向。自主学习强调的是培养学生独立学习的能力，为其自主地发展和适应社会奠定基础；合作学习强调分工协作，为其在社会性群体中的适应和发展作准备；探究性学习强调培养学生探究未知世界的能力，为其能够创造更多的新的思维产品奠定基础。

（四）学习方式的有效性

所谓"学习方式的有效性"，我们认为是指学生运用某种或几种学习方式在一段时间的学习之后，获得了具体的进步或发展，即学生在单位时间内获得有效的发展。也就是说，有无进步或发展是学习有没有效益的唯一指标。如果学生在单位时间里没有得到应有的发展，也就是无效或低效学习方式，即学习方式有效性缺失。

（五）个性化的学习方式的具体策略

1. 学生自己能学会的，教师引而不发——引导学生学。小学数学教材的编排特点是由浅入深，由易到难，螺旋上升，循序渐进。对于一些比较容易或浅显的教学内容，可以引导学生自己去学。例如，教学百分数应用题时，因其思路、解题方法和已学过的分数应用题基本相同，所以教学时，教师只需稍加引导，便可大胆放手让学生在已有知识的基础上自己想出解题方法，教师根本不用花过多的时间去讲解。

2. 新旧知识有直接联系的，运用迁移规律——诱导学生学。所谓学习迁移，指的是先前的学习对后继学习的影响，或一种知识、技能的学习对另一种知识、技能的学习有影响。从认知心理学的观点来看，学习迁移就是已有的认知结构对新知识、新技能的学习的影响。大家都知道，数学是一门系统性很强的学科，它的前一个知识点往往是后一个知识点的基础，而后一个知识点又是前一个知识点的延伸和发展。

因此，我们可以利用知识的迁移规律，照准新旧知识的连接点和新知识的生长点，诱导学生利用旧知识去学习新知识。

3. 发现学生所特有的学习类型和学习优势，并构建个性化的学习策略和学习方法。

4. 发现阻碍学生学习的各种因素，度身定制相应的训练方案。

## 三、培养效率意识

什么是效率意识呢？记得有个高中生学打篮球，当篮球一离开手，这个同学就站在那里傻愣，当篮球冷不防飞过来时，常被砸中，后来他们班的同学们就说他打篮球缺乏意识。同学们常来和我说作业做不完，我们每天自由学习的时间都不少于 5 个小时，可同学们依然做不完，然后我去看自习，发现女生去了就梳头、照镜子，男生去了就吃东西，同学之间借书、抄题、玩手机、聊天……自始至终很少有那个同学能够静静地看书做题，做不完作业也就是理所当然的事了，这就是效率意识查的表现。利用时间的过程就像拔河一样，你稍一松劲，时间流逝了，所以不管做什么都要保持清醒的人生姿态，这样才能走得比别人更快、更稳。

（一）"效率意识"有感

有人说信息就是金钱，信息就是成果，信息就是成功。因此，快速高效阅读给我们提出一种新的教育理念，那就是"效率意识"。因为效率意识直接影响着一个人的时间观念，进而影响一个人的工作效率和生活效率,效率意识已经成为现代人的重要素质。

在实施素质教育,深化课程改革的今天,展现在我们眼前的是一个高度信息化、讲求高效率的时代。站在讲台上,面对一双双纯净的眼睛,我想时代要求我们语文教师必须教会学生提高阅读速度,讲求阅读效率;时代要求我们应该带领学生去领略——学的是速读,获得的将是"生存的权利"的境界。

快速高效阅读是信息时代的产物,是阅读领域的革命。它是以阅读学习心理学、脑科学、语言学等科学理论为研究基础,以开发人的左右脑为核心,以全面开发和调动人的身心资源为主体,积极而富有创造性地快速吸收和处理有用信息的一种全新阅读方法。快速高效阅读的核心在于:突破"点"读,变"读"为"看";突破"点"读,扩大视幅。通过科学有效的方法训练,培养专注能力及思维潜能,提高人的阅读效率和综合素质。

教学中,遵循了大脑的活动规律,遵循了学生的认知规律、思维规律,按照阅读的规律,采用纯视觉系统即默读、扩大视距和整体认知、减少回视及准确扫视等阅读技巧。经过科学的速读训练,发现学生个人的阅读速度大幅度提高了,在阅读实践中,无论是古代的还是现代的,无论是中国的还是外国的,无论是科技的还是人文的,一切凝聚着人类文化的精华读物都迅速进入学生的视野,使他们在阅读过程中鉴赏文化精品,提高审美情趣。丰富的体验、细腻的感受,唤起他们对生活的热爱,从而完善人格塑造。

借助快速阅读,培养学生终生学习的生活习惯,增强了学生的"效率意识"。

(二) 效率与时间

这个世界虽然没有绝对的公平,但是还是有些事情是公平的,比如时间。无论我们如何努力，一个人一天的时间都是 24 小时。合理使用我们的有限时间，在保证我们的身体健康的条件下，让时间真正变得有效，就是时间效率。

人的时间和精力是有限的，虽说条条大道通罗马，但最好还是找个效率高、执行力强、效果最好的解决方案，省时省力，事半功倍，这样就可以腾出更多的精力多做点其他的事情。要知道分清主次抓关键这个很重要。事半功倍和事倍功半那可是天壤之别。

## 三、减少无效劳动

提高效率要求我们同学学习时一定要求真务实，有个女生晚上回家一做作业就发困，但她又不敢睡，否则妈妈就会训她，说她一学习就没精神，一玩就来劲，所以就算困死了坐在书桌边装样子，这就是一种无效劳动；还有个男生回家学习前就洗脚，一洗就洗半个多小时，妈妈问他为什么不快点学习，他说我在酝酿状态，你别管。其实快速进入状态最好的方法就是在学的过程中培养状态，而不是坐在那里等状态。

提高学习效率涉及到很多方面，这也并非一朝一夕之事，需要长期的探索和积累。老师、同学的经验是可以借鉴的，但必须充分结合自己的特点。还是前面说的话"学贵心悟"只要用心琢磨，勤于实践就一定可以改善和提高学习效率。

（一）坚持求真务实

1. 求真务实的含义

所谓"求真"，就是"求是"，也就是依据解放思想、实事求是、与时俱进的思想路线，去不断地认识事物的本质，把握事物的规律。所谓"务实"，则是要在这种规律性认识的指导下，去做、去实践。"务实"首先就是应该认清形势、认清自己，用一个良好的心态去面对当前现状，正所谓"识实务者为俊杰"，这应该也是古人对务实者的最好赞美吧。

2. 求真务实的内容

具体的来说求真务实就是：求我国社会主义初级阶段基本国情之真，务坚持长期艰苦奋斗之实；求社会主义建设规律和人类社会发展规律之真，务抓好发展这个党执政兴国的第一要务之实；求人民群众的历史地位和作用之真，务发展最广大人民根本利益之实；求共产党执政规律之真，务全面加强和改进党的建设之实。

坚持求真务实，是坚持马克思主义科学世界观和方法论的本质要求。"求真务实"是对马克思主义哲学，特别是对其认识论的精神实质的精辟概括。它体现了马克思主义所要求的理论和实践、知和行的具体的历史的统一。所谓"求真"，就是"求是"，也就是依据解放思想、实事求是、与时俱进的思想路线，去不断地认识事物的本质，把握事物的规律。所谓"务实"，则是要在这种规律性认识的指导下，去做、去实践。求真与务实的统一，是马克思主义认识论的必然要求和本质体现。党的思想路线集中而鲜明地反映了马克思主义的这一基本特点和实质。"求真务实"是我们党的思想路线的固有特征，是每个共产党人的政治品格。

求真务实是马克思主义一以贯之的科学精神，是我们党思想路线的核心内容，也是党的优良传统和共产党人应该具备的政治品格。求真就是要了解实际情况，掌握事物之间的内在联系，探寻事物发展变化的客观规律；务实就是要时时处处坚持重实际、说实话、务实事、求实效。求真是认识过程的第一个飞跃，即由生动的直观到抽象的思维、由感性认识到理性认识的飞跃；务实是认识过程的第二个飞跃，即把从客观实际中求得的规律性认识，转变为改造客观世界的实践活动，并取得预想的结果。马克思主义十分重视求真，重视第一个飞跃，但更重视务实，更重视第二个飞跃。因为只有实现第二个飞跃，才能检验"求真"之真，实现"求真"的目的。求真务实的过程，是理论创新与实践创新辩证统一的过程。这一过程既是认识与实践相互转化的过程，也是提高理论创新和实践创新水平的过程。以马克思主义革命理论和风格建立起来的中国共产党，一贯倡导求真务实。早在民主革命时期，毛泽东就号召全党要把革命气概和实际精神结合起来，他告诫全党同志要老老实实地办事，在世界上要办成几件事，没有老实态度是根本不行的。进入改革开放新时期后，邓小平突出强调，世界上的事情都是干出来的，不干，半点马克思主义都没有，要坚决制止追求表面文章，不讲实际效果、实际效率、实际速度、实际质量、实际成本的形式主义，杜绝说空话、说大话、说假话的恶习。

（二）无效学习

人的一生从启蒙教育、小学、中学、大学到读研等这段时间是一个求职时段、充电时段。在这段时间里人的精力最旺盛，记忆力最好，接受知识的能力最强最巩固，是人生的黄金时段。在这段时间里，学习的好与坏将决定人的一生，大则误国，小则误民。孔老夫子几千年前就告诫人们："幼不学，老何为？"如果这段时间被浪费掉了，那将贻误终生。但是，不少学生在这段黄金时间里，学习虽然也很努力，可成绩始终上不去。查来查去却不知问题出在哪里？殊不知他们是在进行"无效学习"。

1. "无效学习"的现象产生的主要原因

（1）教育制度和教学方法的改革进行缓慢。学习成绩以考试分数多少为准绳，不注重品学兼优，德、智、体全面发展。学习任务重，作业太多，学生压力大。

（2）家长望子成龙心切，一味追求学习成绩，对学生缺乏耐心辅导，方法简单粗暴。除了吃饭睡觉以外，天天都是让孩子学习。不学习就严厉责备，使孩子感觉不到家庭的温暖，感觉不到父爱和母爱，孩子变成了家长的学习机器。孩子成绩好了，回到家里父母笑脸相迎，好吃好喝，一旦成绩下降，孩子垂头丧气回到家里，家长吹胡子瞪眼一顿斥责和臭骂。更有甚者，罚跪罚站，拳脚相加，让孩子写检讨写保证，弄得孩子灰溜溜的抬不起头来，像是犯了滔天大罪似的，严重伤害了孩子的自尊、自爱、自强的心理。要知道强迫学生学习，给学生造成了被动学习的局面，学习是给父母看的，那里还有什么主动性、积极性、自觉性可言。

对于学生的"无效学习"现象，作为家长要对学生细心观察，及早发现，并且有意识地帮助孩子改变"无效学习"的状态，改变学生的被动学习局面。给孩子创造一个良好的学习环境和一个温暖和谐的家庭氛围。对学生要以鼓励、表扬为主。对学习不好的学生，要帮助他们多查找原因并采取积极有效的补救措施。及时向学校提出合理化建议，经常与老师沟通交流，及时掌握学生的学习与生活动向，发现问题及时和老师共同解决，争取把问题解决在萌芽时期。通过家长和老师的共同努力，孩子的学习一定会大有起色的。

（3）学生的学习目标不明确，缺乏艰苦奋斗和吃苦耐劳精神，缺乏主动性、积极性和自觉性，没有紧迫感和必胜的信心。

2. 无效学习的表现

（1）很多学生对课前预习不感兴趣。他们认为上课能听懂，预习没必要，忽视了预习的重要性，养成了老师讲多少，懂多少，不讲就不懂，缺乏新旧知识的衔接和系统性，不明白知识的来龙去脉。上课左耳进，下课右耳出，使所学知识不能在大脑里打下深刻的烙印，复习起来很吃力，老是觉得学习忙得很，累得很，就是不出成绩。岂不知预习是通过自己大脑的运动和思考，加深了对知识的认识和理解，记忆深刻，难以忘怀，课前预习10分钟，胜似复习一点钟。学习既省力又轻松，何乐而不为？

（2）学习不自觉不主动。不少学生满足于上课能听懂的那点知识，缺少自觉主动认识问题、思考问题、分析问题、解决问题的能力，采取死记硬背的学习方法，读死书死读书，费力不见好。听来的知识忘得快，人常说："久闻不如一见，久见不如一干"。只有自觉主动参与教学，增强探求知识的欲望，提高自觉主动学习的兴趣，一旦养成了这种良好的学习习惯，那将会取得事半功倍的效果。

（3）学习没计划，没有养成良好的生活习惯和学习习惯。对每天的学习时间没有科学的安排，与学校统一安排的学习时间不同步、不协调，完全被老师牵着鼻子走，叫看语文看语文，叫看数学看数学，各门功课不能统筹兼顾，均衡发展，想起来啥干啥，啥急干啥，一会想看物理，一会想看化学，看了这，忘了那，天天手忙脚乱，总是埋怨时间不够用，看似努力学习，其实收效甚微。

（4）作息时间不科学。现代的学生特别是初、高中生，学科门类多，学习压力大，急于求成心切，只好晚上加班加点，睡眠时间减少，加上用脑过度，使睡眠质量低下，甚至失眠，一旦养成晚睡早起的不良习惯，第二天上课精神萎靡，听课质量严重下降，为了弥补课堂上的损失，只好晚上加班加点，这样便形成了恶性循环，既影响了学习，又损害了健康。

（5）自我约束能力差，学习不专心。不少学生常被一些日常琐事所困扰，学习时手忙脚乱，思想开小差，外界少有干扰就走神，上课爱做小动作，下课爱看闲杂书、电视或玩网上游戏，严重干扰了正常学习。有时手里拿着书，心里想着事，学习始终专不下心来。"身在曹营心在汉"，时间没少费，收效却甚微。

（6）做题欠思考。不少学生做作业是为了完成老师交给的任务，应付老师的检查，不是先复习巩固所学的知识后做作业，而是比葫芦画瓢，照着例题套式子，不习惯独立思考，一有问题就问别人，问一步做一步，甚至照抄不误，起不到通过作业消化巩固所学知识的作用。其次，现在的学习辅导材料种类繁多，各科应有尽有，练习册一套又一套，上面各种档次和类型的题都有，看一看作一作对学习是大有好处的。但是，老师却不加选择地要求学生全做全查，殊不知学生的适应度是有限的，为了赶做练习册，左边是教材，右边是练习册，为了省时省力，把左边的答案机械地搬到右边的练习册的空白处，由于量大，往往累得腰酸背痛，手麻脑涨，做完了事，对学习收效不大。

（7）默守成规，学习无方法。不少学生对学习成绩忽上忽下，考试屡考屡败，不总结不改进，查找原因时往往忽略了学习方法问题，总是归结于一时的粗心大意，马虎草率，没想起来，笔下误等表面现象。老师和家长却误认为学生不努力学习，进而给学生施加压力，使学生疲于奔命，增加了学生的心理障碍，产生了被动情绪和厌学心理，严重挫伤了学生的学习积极性，学习成绩进步缓慢。

对于学生的"无效学习"现象，作为家长要对学生细心观察，及早发现，并且有意识地帮助孩子改变"无效学习"的状态，改变学生的被动学习局面。给孩子创造一个良好的学习环境和一个温暖和谐的家庭氛围。对学生要以鼓励、表扬为主。对学习不好的学生，要帮助他们多查找原因并采取积极有效的补救措施。及时向学校提出合理化建议，经常与老师沟通交流，及时掌握学生的学习与生活动向，发现问题及时和老师共同解决，争取把问题解决在萌芽时期。通过家长和老师的共同努力，孩子的学习一定会大有起色的。

作为学生，一定要把学习放在第一位。要有明确的学习目标。树立自信、自强和艰苦奋斗的精神，积极、自觉、主动的努力学习。记得有一位教育家讲道："回忆是加强记忆的最好办法。"他说的回忆是指学生在平时，利用时间的一切边角废料——睡前、饭后、课间、上厕所的三五分钟去回忆当天学习中最重要的新内容，如一个定义、定理、概念，公式是怎么来的？回忆一遍记不住还可以回忆第二遍第三遍。我经过多次实践，记忆的效果非常好。学生一定要养成经常回忆的习惯，他对提高学习成绩非常有帮助。

一寸光阴一寸金，寸金难买寸光阴。要有紧迫感，才能克服无效学习的现象，提高学习成绩。扪心自问："幼不学，老何为？"

## 四、事例

如果一个人被赋予某种超过自身能力的责任，那么他就会感受到压力，进而表现出不同以往的能力水平，渐渐胜任这种责任。这个道理，同样也可以运用到孩子的学习之中。如家长可以鼓励孩子回到家中当一名小老师，向自己转述他在学校学到的知识。这样，用不了多长时间，你就会发现孩子的学习效率慢慢得到了提高。

　　有一位妈妈，她的孩子刚上三年级，而且很聪明，但最令她头痛的就是儿子不爱读书，每天放学回到家，就知道看动画片。问他今天学习怎么样，他总是说我学会了，但考试成绩就一般。有一天，这位妈妈想到了一个好办法："何不让孩子试着当我的老师呢？"同往常一样，一家人吃完饭后，妈妈忙完家务，坐到孩子身边说："儿子，妈妈英语学得不好，你来教妈妈，当妈妈的老师，行吗？"儿子摇摇头说："妈妈，不行，我一会还要看动画片呢，而且我英语也懂得不多！""没事，每天老师教你什么，你回家就教妈妈什么，每天教我一小段，妈妈保证能学会，好吗？"妈妈说，"咱们现在就来试一试，你先教我英语单词吧。"以前，儿子学英语单词时总是一种想睡觉的感觉，没想到今晚，他一直不厌其烦地教我读，到睡觉的时候他才想起来："妈妈，我忘记看动画片了！"妈妈高兴地说："儿子，你不觉得教妈妈单词更有意义吗，而且以后你要好好给我讲啊，要不然人家会说我儿子没能力，教不了妈妈！"就这样，每天妈妈都要让孩子教半小时。一学期下来，孩子终于有了学习兴趣，一回家就读书做作业，而且每门功课成绩都是优秀……

　　为什么让孩子当当小老师会有这么明显的成效呢？这是因为，孩子知道要把课堂所学的东西再讲出来，听课时他就会集中注意力，认真听讲。课后，有的地方忘了，责任感会迫使他主动拿起书，强化这些知识点的掌握，或者主动问老师或同学，直到学会。当他能够顺利地把所学知识讲下来，自己也会获得一种成功的喜悦。这样，学习变成了一件轻松快乐而又有个性的事情，孩子的学习积极性自然就提高了，学习方法也得到了改善，学习成绩也就慢慢好起来了。需要注意的是，在孩子给爸爸妈妈当小老师的过程中，爸爸妈妈一定要谦虚谨慎，要有"学生"的样子，千万别嘴上说是"学生"，做派上还是

"领导"，孩子的感知力是异常敏感的，如果他们发现其实你只是假"学生"，是骗他的，他的"讲课积极性"也就不存在了。

另一方面，家长也应该事先"预习"，然后在"听课"时将你认为很关键的知识点向孩子提出来，考考他学得到底怎么样，加深他对知识的理解。刚开始，也许孩子语言不完整，表达不清楚，经常说一半忘一半，但家长一定要有耐心，鼓励孩子慢慢想一想，及时地肯定孩子的成绩，帮助孩子做一个认真又快乐的"小老师"。

总而言之，让孩子来当老师的方法确实有助于提高孩子的学习积极性，改善孩子的学习方法，但最大的弊端就是过分地占用家长的时间。但反过来想，孩子的成绩和未来发展重于一切。为了孩子能够高效学习，父母难道还舍不得自己那点娱乐时间吗？

英语是很多孩子学习上的"老大难"。一提到英语，他们就抱怨非常枯燥乏味，完全提不起兴趣，而且觉得学英语没有意义，只会给自己增加痛苦。这样，学习效率也就无从谈起了。从某种意义上说，这种现象和家长及老师传统的教学方式有一定的关系。在学习英语的过程中，如果家长能多为孩子提供学习英语的环境，能有意识地把英语单词或句子融入生活中，让英语在生活中"活"起来，那么英语学习就不再是枯燥的背诵和记忆了。在充满了乐趣与欢笑的生活中学英语，孩子的学习过程会变得轻松又快乐，英语水平自然也就提高得快，学习效率自然也就得到了提升。作为家长，如果你本身具有良好的英语水平，那么对孩子学习英语是非常有利的，如果你外语水平一般，也没有关系，你可以买一些内容比较合适的音像资料，跟孩子一起学习，在学的过程中慢慢就能和孩子产生互动。英语学习不是一蹴而就的，而是一个长期的过程，这对孩子的意志是一个考验。父母应当以身作则，和孩子共同学习，每天坚持抽出一些时间陪孩子预习、复习，或者讲英语故事。只有这样，才能让孩子天天接触英语、时时应用英语，从而为英语学习打下坚实的基础，让孩子逐渐能将英语脱口而出。

学习一定量的单词过后，家长可以利用生活中的不同场景，和孩子练习对话。例如，在吃饭的时候，你可以对孩子说："The dinner is ready, Are you hungry?" 还可以指着桌子上的杯子问孩子："Would you like some water?" 并且要求孩子用英语回答。吃水果时，可以跟孩子玩 "小小水果店" 的游戏，你做售货员，让孩子挑选他喜欢的水果，并让他用英语说出水果的名称、外形、特征、味道等。碰到孩子不会的单词，可以现教现说，甚至可以让孩子用中英结合的方式表达，如 "I like 草莓。" 准备一些五颜六色、生动形象的英语书籍，如画册、漫画等，作为孩子学习英文的工具。此类英语书籍，一般都是将英语知识点与图片、情节结合，不仅可以激发孩子的想象力，还可以拓宽孩子学习英语的思路，从而全面提升孩子应用英语的能力，让孩子在快快乐乐学英语的同时，还能做到学以致用。

把孩子从繁杂的学习负担中解放出来的最好办法就是提高孩子的学习效率，让他们成为真正的学习高手，不靠死读书取得高分，而依靠高效的学习方法。

## 第五节　学习效率的影响因素

### 一、生理因素（内在条件）

生理因素包括睡眠、体质、饮食、疾病等；如果一个学生长时间睡眠不足，或睡眠质量不高，就会影响到学习状态。有个学生上课经常爱走神，头脑也兴奋不起来，经过老师的询问才知道，这个同学做作业十分磨蹭，晚上常常一点多才睡觉，白天上课虽然没有打瞌睡，但是学习状态却受到了影响；饮食对智力活动也有着很大的影响，我们学校有些学生上着课突然晕倒，师生赶紧把他送到医务室，检查完了才发现是该生长时间不吃早饭造成的低血糖，因为大脑对血液中的血糖浓度十分敏感；还有个男生虽然 1. 65 米的个子，体重还不到 50 千克，原因就是因为这个学生吃饭特别挑食，剩饭不吃，香菜不吃、芹菜不吃、馒头不吃，反正这个男生很挑食，自然上课天天也是无精打采的，因为大脑在工作时消耗的能量是十分大的，营养供给不足肯定会影响到智力活动水平；此外，体育锻炼也可以提高大脑工作水平，进而影响到学习效率，脑组织本身是十分娇嫩和脆弱的，它必须有充分的能量物质和氧气的供应才能维持其正常功能和潜能的发挥。据生理学家测定，脑细胞的重量虽只占人体重量的 2% 左右，但其耗氧量耗氧量要占全身的 20%；有人估计，心脏每次射入血管的血液有 16% 要供应大脑使用，它所需的血液量比肌肉细胞要多 15～20 倍。脑组织对缺氧、缺血很敏感，经常参加体育锻炼可以增强心脏的功能，改善心肌营养状况，使心肌发达，心壁增厚，心输出的血量增加；体育锻炼还可以改善血液循环，使血中的红细胞、白细胞、血红蛋白增加；这都可以综合改善大脑血流的供给，使神经细胞获得更充足的能量物质和氧气的供应，从而使大脑和整个神经系统在紧张的学习中获得充足的营养保证，提高大脑的工作效率。

## 二、动机因素

这个因素主要是解决为什么学的问题，心理学研究证明，当一个受到较强动机驱动时，潜能可以发挥出来 70% 以上，但是当一个缺乏动机时，他的潜能只能发挥出来 30% 左右，所以，有没有学习的动机将直接影响到学习效率。

（一）动机的含义

动机是激发、维持并使行为指向特定目的的一种力量。动机对个体的行为和活动有引发、指引、激励功能。它涉及这样 3 个方面的问题：引发行为的起因是什么？使行为指向某一目的的原因是什么？维持这一行为的原因是什么？在许多有关动机的文献中，心理学家们往往用动机作用这一术语来描述个体发放出能量和冲动，指引行为朝向某一目的，并将这一行为维持一段时间的种种内部状态和过程。

（二）学习动机与学习的关系

学习动机是直接推动学生进行学习的一种内部动力，是激励和指引学生进行学习的一种需要。

学生的学习受多方面因素的影响，其中主要是受学习动机的支配，但也与学生的学习兴趣、学习的需要、个人的价值观、学生的态度、学生的志向水平以及外来的鼓励紧密相联。

对知识价值的认识（知识价值观）、对学习的直接兴趣（学习兴趣）、对自身学习能力的认识（学习能力感）、对学习成绩的归因（成就归因）4 个方面，是学生学习动机的主要内容。

（三）学习动机是学习的动力

直接推动学生进行学习的内部动力。学习动机并不是某种单一的结构，而是由多种动力因素组成的整体系统，其中包括学习需要、学习自觉性、学习态度、学习兴趣等。学习需要是社会和教育的客观要求反映在学生头脑中形成的学生对学习的主观需要。学习自觉性是指学生清晰地意识到自己的学习目的和学习的社会意义。学习态度是指学生在学习活动中较持久的肯定或否定的内在反应倾向，如表现为认真、紧张、主动、顽强等。学习兴趣又称为"求知欲"，是学习动机中最现实、最活跃的成分。它是力求认识世界，渴望获得知识和探求真理并带有情绪色彩的心理活动。学习兴趣有直接兴趣和间接兴趣之分；直接兴趣是由学习过程本身和知识内容的特点直接引起的，间接兴趣是由于学生意识到学习的目的或任务，对学习过程发生兴趣。这两种兴趣是促使学生主动积极地学习，提高学习效果的重要条件。

（四）学习动机与学习目的的关系

学习动机与学习目的既有区别又有联系。学习动机指的是引起学习的原因，而学习目的则指的是学习活动所要达到的结果。学习目的相同的学生，其学习动机不一定相同；学习动机相同的学生，其学习目的也可能不同。学习动机与学习目的可能相互转化，在一种情境下的学习动机，也可能是另一种情境下的学习目的。

## 三、策略因素

主要是解决怎么学的问题，比如学习过程中的预习、听课、复习、练习、应试、计划、时间等。我们不要求同学们对所有的科目都预习，但是对于在学习过程中感到学习比较困难的科目一定要预习，这样才能保证下一个学习环节——听课的效率；在听课过程中学生要尽可能去适应不同教学风格的老师，形成适合自己的学习方法；复习过程也很重要，比方说有些同学回到家书包一打开就做作业，这种程序就有问题，比较合理的做法是先把当天老师讲的课复习一下再去做作业，每做完一门课要拿出十几分钟的时间再思考一下刚才作业的内容，然后再做下一门，这叫过渡性记忆，否则就会作业做过的题一到考试又不会做了；每次考试完后，一定要做卷面分析，特别是丢分的地方，要做具体化的分析和总结，以此来不断提高应试能力；这些都是学习策略内容，具体涉及到很多方面，同学们可以谦虚请教，不断总结。

（一）学习策略的含义

学习策略就是指学习者在学习活动中有效的学习规则、方法、技巧及调控方式。它既可以是内隐的规则系统，也可以是外显的操作程序与步骤。凡是有助于提高学习质量、学习效率的程序、规则、方法、技巧及调控方式都属于学习策略范畴。学习策略既有内隐、外显之分，又有水平、层次之别。学习策略是衡量个体学习能力的重要尺度，是制约学习效果的重要因素之一，因此也是会不会学习的标志。学习策略可以通过教学来发展。虽然学习策略一般由学习者自己制定和使用，但通过教师有意识的教学，学习者的学习策略是可以形成和改善的。

把学习策略视作学习活动或步骤。它不是简单的事件，而是用于提高学习效率，对信息进行编码、分析和提取的智力活动，是选择、整合应用学习技巧的一套操作过程。把学习策略视作学习的规则、能力或技能。把学习策略视作学习计划，是学习者为了完成学习目标而制订的复杂计划。综合这些不同的看法，我们认为：所谓学习策略，就是学习者为了提高学习的效果和效率，有目的、有意识地制订的有关学习过程的复杂方案。

（二）学习策略的特征

1．主动性

一般学习者采用学习策略都是有意识的心理过程。学习时，学习者先要分析学习任务和自己的特点，然后，根据这些条件，制订适当的学习计划。对于较新的学习任务，学习者总是在有意识、有目的地思考着学习过程的计划。只有对于反复使用的策略才能达到自动化的水平。

2．有效性

所谓策略，实际上是相对效果和效率而言的。一个人在做某件事时，使用最原始的方法，最终也可能达到目的，但效果不好，效率也不会高。比如，记忆一列英语单词表，如果一遍又一遍地朗读，只要有足够的时间，最终也会记住。但是，保持时间不会长，记得也不是很牢固；如果采用分散复习或尝试背诵的方法，记忆的效果和效率一下子会有很大的提高。

3．过程性

学习策略是有关学习过程的策略。它规定学习时做什么不做什么、先做什么后做什么、用什么方式做、做到什么程度等诸多方面的问题。

4．程序性

学习策略是学习者制订的学习计划，由规则和技能构成。每一次学习都有相应的计划，每一次学习的学习策略也不同。但是，相对同一种类型的学习，存在着基本相同的计划，这些基本相同的计划就是我们常见的一些学习策略，如 PQ4R 阅读法。

（三）学习策略与信息加工的关系

学习过程就是信息加工过程。在这个加工过程中，学习策略既参与信息加工，又对其进行控制。

学习策略的目的就是帮助学习者控制学习的信息加工系统，以便有效地储存和提取信息。就学习策略的本质而言，由于学习策略是一种策略性知识，它储存在长时记忆中，包括信息加工流程所有环节使用的方法和技术，如注意、复述、精细加工、组织编码等。其中，复述、精细加工和组织编码是对信息进行的直接加工，在加工过程中使用的方法和技术等属于认知策略；而对信息加工的控制过程则控制着信息的流程，监视与指导着个体认知过程的进行，属于自我监控策略。由此可知，学习策略既参与信息加工又对其进行控制。

学习策略参与信息加工，主要是指其中的认知策略（主要是指个体对认知过程进行的选择、识记与组织）直接参与信息加工过程，并影响信息加工的效果。学习策略对信息加工进行控制，主要是指自我监控策略对个体认知过程的监视、管理和指导。

（四）学习策略的层次分类

1. 认知策略

认知策略是加工信息的一些方法和技术，有助于有效地从记忆中提取信息。一般而言，认知策略因所学知识的类型而有所不同，复述、精加工和组织策略主要是针对陈述性知识，针对程序性知识则有模式再认识策略和动作。

陈述性知识，它是关于事实的知识，是学校学习的一个主要的方面。过程性知识告诉我们如何做某件事。要知道如何做某件事，我们不仅要知道过程的每一步，而且还要知道采取每一步的条件。过程性知识因此可以被认为是由"如果……那么……"条件陈述句组成的，其形式是：如果某个条件适合，那么就要采取某个行动。

（1）复述策略

复述策略是在工作记忆中为了保持信息，运用内部语言在大脑中重现学习材料或刺激，以便将注意力维持在学习材料上的方法。

①利用无意识记和有意识记无意识记是指没有预定目的、不需经过努力的识记。有意识记是指有目的、有意识的识记。

②排除相互干扰在安排复习时，要尽量考虑预防前摄抑制、倒摄抑制的影响。另外，要尽量错开学习两种容易混淆的内容。学习时，还要充分考虑首位效应和近位效应。

③整体识记和分段识记对于篇幅短小或者内在联系密切的材料，适于采用整体识记。对于篇幅较长、或者较难、或者内在联系不强的材料，适于采用分段识记。

④多种感官参与

⑤复习形式多样化

⑥划线强调

（2）精细加工策略

精细加工策略是一种将新学材料与头脑中已有知识联系起来从而增加新信息的意义的深层加工策略。

①记忆术位置记忆法；缩简和编歌诀；谐音联想法；关键词法；视觉想象；语义联想。

②做笔记

③提问

④生成性学习生成性学习就是要训练学生对他们阅读的东西产

生一个自己的类比或表象。

⑤利用背景知识

⑥联系实际生活

例如，学习"医生讨厌律师"这一句话时，我们附加一句"律师把医生起诉了"，如此一来，以后回忆就相对容易一些。一般的精细加工的策略有许多种，其中有好多被人们称之为记忆术。比较流行的记忆术有位置记忆法、首字联词法、视觉联想法和关键词法。

（3）组织策略

组织策略是整合所学新知识之间、新旧知识之间的内在联系，形成新的知识结构。

组织是学习和记忆新信息的重要手段，其方法是将学习材料分成一些小的单元。并把这些小的单元置于适当的类别之中，从而使每项信息和其他信息联系在一起。有人认为，记忆能力的增进，是组织的结果，因为学生可以用各类别的标题作为提取的线索，从而减少回忆时的负担。因此，在教学中，教师要教会学生对信息进行分类，以提高他们的记忆能力。在教复杂概念时，教师不仅要有序地组织材料，而且，重要的是要使学生清楚这个组织性的框架。

①列提纲

②利用图形（系统结构图、流程图、模式或模型图、网络关系图）

③利用表格（一览表、双向表等）

（4）模式再认策略

模式再认知识涉及对刺激的模式进行再认和分类的能力。模式再认知识的一个重要的例子是识别某个概念的一个新事例。比如：再认鲸属于哺乳动物。模式再认知识的第二个重要的例子就是识别符合某个行为的条件或符合应用某个规则的条件，比如，什么时候"倒置分数后相乘"。和概念一样，模式再认过程是通过概括和分化的过程学习来的。比如，学生已经学习了凡生命体必须完成八大生命过程：获取食物、呼吸、排泄、分泌、生长、反应、繁殖、运动，这一知识属于陈述性知识。现在，学生要利用这一知识注意生命的这8个过程，表示这一过程的条件陈述句是："如果一个客体执行了所有这8个生命过程，那么它就是活的。"教师可以用诸如鱼、哺乳动物、植物等生命体作不同的例子，促进概括；还可以列举反例，如水晶石虽然存在促进分化、进行生长的过程，但不实现运动、呼吸等生命过程。

（5）动作系列学习策略

动作系列首先是当作构成某个过程的一系列步骤来学习的。学习者必须有意识地执行每一步，一次执行一步，直到过程完成。在学习某一个过程时，存在两个主要的障碍。第一个就是工作记忆存储量的限制。尤其在学习一个长而又复杂的过程时，困难更大，任何一个过程如果步子长达9步以上，超过短时记忆的容量（7±2），那么就很难被保持在工作记忆中。为了克服这一局限，可以利用一些记忆辅助手段，如把这些步子写下来给学生。当然，重要的是成功地完成这一过程，而不是记住这些步子。第二个潜存的问题就是学生缺少必备的知识，在学习某一过程时，要确保学生已经具备所必需的知识和技能，这一点是非常重要的。例如，学生还未学会一定的原理、定理，而要求他们解决几何证明题将是十分困难的。在教学某一过程时，教师不妨先进行一下任务分析（task an alysis），也就是要识别为了达到某一教学目标学生必须学会的次一级的知识和技能。通过任务分析，教师能了解学生在次级技能上的能力，如果有必要，可进行一定的补习。

2. 元认知策略

（1）含义：元认知策略是学生对自己认知过程的策略，包括对自己认知过程的了解和控制策略，有助于学生有效地安排和调节学习过程。计划策略、控制策略和自我调节策略都属于元认知策略。

（2）分类

元认知策略大致可分为3种：计划策略、监视策略和调节策略。

计划策略元认知计划是根据认知活动的特定目标，在一项认知活动之前计划各种活动、预计结果、选择策略、想出各种解决问题的方法，并预估其有效性。

元认知计划策略包括设置学习目标、浏览阅读材料、产生待回答的问题以及分析如何完成学习任务。

元认知监视策略元认知监视是在认知活动进行的实际过程中，根据认知目标及时评价、反馈认知活动的结果与不足，正确估计自己达到认知目标的程度、水平；并且根据有效性标准评价各种认知行动、策略的效果。元认知监视策略包括阅读时对注意加以跟踪、对材料进行自我提问、考试时监视自己的速度和时间。

元认知调节策略元认知调节是根据对认知活动结果的检查，如发现问题，则采取相应的补救措施，根据对认知策略的效果的检查，及时修正、调整认知策略。

3. 资源管理策略

（1）含义

资源管理策略是辅助学生管理可用环境和资源的策略，有助于学生适应环境并调节环境以适应自己的需要，对学生的动机有重要的作用。它包括时间管理策略、学习环境管理策略、努力管理策略和学业求助策略。

（2）分类

资源管理策略包括：

学习时间管理策略

①统筹安排学习时间

②高效利用最佳时间

③灵活利用零碎时间

学习环境的管理

学习努力和心境的管理

学习工具的利用

社会性人力资源的利用

## 四、心理因素

心理因素是提高学习效率的支持保障，包括自信心、意志力、情绪状态（活得没劲、不自由、内耗）、注意水平、焦虑程度、归因模式等。（数学老师、第一名、自学）；有自信心的同学在学习过程中，大脑皮层就会被充分的激活，在学习中头脑清醒、反应敏捷、思路灵活，而不自信的同学就总会感到自己不在状态，做题很不顺手，思路没有流畅感；意志力在心理学中是个十分重要的因素，学习上有问题的同学大部分都是缺乏吃苦精神，不能坚持自己的学习计划，北京有个名师培养了很多高考状元，他认为这些学生不是说有多聪明，而是都有着非常良好的意志力，执行能力很强，所以在高考中就可以考出理想的成绩；改善注意力也是提高学习效率的关键，注意力就像一扇门，只要这扇门不打开，知识的阳光就无法照射到同学们的心灵里面。

（一）学生学习心理浅析

1. 来自外面世界的诱惑

外面的世界很精彩，现在的中学生对一切充满好奇，对新鲜事物总想了解它，可是由于年龄因素，他们在接受新事物的同时，无法不受不利因素干扰，游戏、网吧等的吸引力对他们来说要比书本上知识的吸引力更大，我所教的一个学生，沉迷于电子游戏，连生活费也搭上去了，学校里从同学的帮助到家长的恳求，都不能使他悬崖勒马，到了高三，任课老师天天轮流做他的思想工作，从心理角度入手，在生活上给予无微不至的关怀，同时校长时常对他晓知以理，动之以情，最终使他走出网吧，进入高校深造。

2. 来自家庭、学校的无形压力

来自家庭、学校的无形压力往往使现在的中学生喘不过气来，父母的关爱和老师的教诲，在对其形成动力的同时，也形成无形的压力，学生在和我交流时强调：谁不想成为人才，谁不想成为父母的骄傲，谁不想受到老师的表扬，但有时看到自己在数学学习上与别人的差距，就会缺乏信心，而且总觉得数学学习没有头绪，付出的劳动和成绩的提高没有正比关系，甚至于有问题也不敢问老师，怕被同学笑话和老师的轻视。

3. 缺乏恒心

有的同学在现在学习生活中时常会被一些事感动着，也很容易下决心，尽管知道数学学习应当勤奋，但无法持之以恒，容易原谅自己，不喜欢听老师空动的说教，如勤奋学习等。喜欢听一些推人奋进的、真实的故事，但也只有三分钟热度，在他们心中和老师是有代沟的，尽管他们也尊重老师，但对老师还是有畏惧感，在他们心里无法和老师建立起一种平等关系。

4. 青春期的困惑

青春期的萌动、对异性的好奇使学生好表现，从而学习更有动力，这本是好事，可是如果男女同学交往处理不当，则会严重影响学习。同学之间的矛盾以及偶而出现的嫉妒心理，都是影响学习的不利因素，再加上对各门学科在时间上不能合理安排，以及学习态度和方法的不同，这些就导致了学生个体差异。

（二）学生厌学心理

当今世界科学技术日新月异，教育事业蓬勃发展，"科教兴国"战略越来越深入人心。但也有一现象不容忽视，那就是学生的厌学情绪有增无减，并有向低龄化发展的趋势。表现为：讨厌学习读书，一看书就心烦意乱；感到课堂上教师讲课索然无味，公然在课堂上看课外书籍、讲话、睡觉；对老师提问反感，往往以"不知道"对抗；做作业不认真，抄袭别人的作业等手段应付交差；常流露"读书无用"的言论，出现贪玩和早恋现象。

厌学心理是对学习产生厌倦乃至厌恶（失败感、无能感、自卑、乏味感），从而萌发逃避心态。大多数孩子的厌学与他们是否聪明没多大关系。厌学心理产生与发展将直接影响学生的学习和成绩，甚至会危害他们的身心健康。

## 五、环境因素

环境因素是提高学习效率的外在条件，如人际关系（学生被打）、班级氛围（补课全班骂——新疆与内地区别）、家庭环境（父母打架）等；我们有个学生因为同学进教室时摸了一下他的头，两个人就争吵了起来,结果一节课都无心学习,直到第二天他还问老师,以后该怎么面对这个同学,这就是人际关系处理不好对学习的影响;还有一个学校,学校周末要求补课,班上的大部分同学都反对,只有几个女生主动要求补课,结果全班的同学都骂这几个同学,可想而知,在这样的班级氛围中怎样能够高效率地学习?家庭氛围也是影响学习效率的直接因素,温馨、和谐、民主、平等的家庭氛围将是安心学习的最好场所。

(一)学习环境的含义

学习环境,是指供学习者学习的外部条件。狭义地讲,就学生的学习环境可分为学校学习环境、家庭学习环境和社会学习环境。学校学习环境是指学校的校舍、师资、教学条件、教学手段、校风、学风等,这些都是影响学生学习的因素;家庭学习环境是指家庭为学生学习而提供的物质条件,如安静舒适的房间,和睦的家庭关系,能够辅导学生学习的家庭成员。社会学习环境是指影响学生树立正确的人生观、世界观和学习目的的社会氛围。

(二)学习环境的重要性

理想的学习环境是指优美的校园自然环境,整洁的室内学习环境,和谐的人际环境和健康的舆论环境。良好的学习环境不仅有利于教学活动周而复始地高效运转,而且能陶冶学生情操,净化学生的心灵,激励学生勤奋学习,积极向上,促使学生全面发展,健康成长。

学习环境是一种特殊的生存环境,特别是作为按照人的身心发展的特殊需要而设置的专门育人的学习环境,能潜移默化地影响学生的情感、思维、行为、习惯以及气质的形成。

学生的主要任务是学习,而学习成绩的优劣,除了个人主观努力，同学之间的相互合作、相互帮助也是重要因素。我们在学习是要明确学习目的，端正学习态度，使班内形成浓厚学习空气，创造一个良好的学习环境，从而激发全体学生相互切磋，相互启发，取长补短，共同提高。另外我们还可以采用多种方式互帮互学，除了课堂上相互切磋外，课余时间要提倡彼此为师，相互激励，按专业兴趣同宿，以便"相与讲习"，互帮互学。增强我们同学之间的合作意识，强化合作行为，促使我们普遍提高学习水平。良好的学风也在无形之中被建立起来了。

## 六、事例

上海子信通信技术有限公司董事长：康睿宁

回顾一年的创业路，如果问有什么感想，我要说，主动培养自己的学习能力，是创业前不可或缺的准备工作。

大学前两年，我埋头读书，打下坚实知识基础。英语和计算机是 21 世纪人才必须掌握的技术，所以在大一时，我靠自学通过了大学英语六级和计算机相关课程，并直接参加学校免修考试，获得优异成绩。大二，我搬出了集体宿舍，开始有选择的自主学习。我读化学系，但是自己真正的兴趣却是管理。我通过互联网完成了网络学校的十几门企业管理课程，以及欧洲高级商学院全套 MBA 课程。这些课程开阔了我的眼界，由此接触到国外先进理念，同时进一步提高了学习能力。

2004 年 1 月，第四届"挑战杯"大学生创业大赛在上海举行。我与 5 位同学，在上大商学院陈宪院长指导下参加比赛。在以前自学过的管理学知识基础上，我和几个同样没有经济管理专业背景的队友一起，快速学习创业知识。在决赛现场，我们这支"非专业"团队，和其他兄弟院校由全 MBA 学生，或是数个博士坐镇的"豪华阵容"同台竞技，最终以第二名（金奖）博得满堂彩。

去年 7 月我接触到 VOIP（网络电话）产业。这是一个之前从未接触过的领域。但是较好的学习能力让我立刻就能深入这个领域，仅用一两个月就完成了核心技术软件的学习。很快，我又将"网信卫话项目"在上大科技园区孵化。软件代理、香港耀邦国际有关负责人连连称赞我为他所见过的"学得最快的客户"。此后，我经常以"技术顾问"身份，帮助耀邦国际调试新用户的软件交换系统。

持久的竞争力来自高效的学习能力。无论你是什么专业，拥有什么样的学术背景，只要培养出良好的学习能力，随时都有可能脱颖而出。

# 第二章　怎样提高学习效率

## 第一节　培养学习兴趣

### 一、兴趣的含义

兴趣是积极探索某种事物或进行某种活动的倾向，它是求知的起点，是思维培养和能力提高的内在动力。它能调动、激发学生的自觉性、积极性和创造性。因此，学生对学习有无兴趣，学习效果是截然不同的。有兴趣，就能主动学习，全神贯注；没有兴趣，就会被动应付，精神涣散。

### 二、学习兴趣的内涵

从教育心理学的角度来说，兴趣是一个人倾向于认识、研究获得某种知识的心理特征，是可以推动人们求知的一种内在力量。学生对某一学科有兴趣，就会持续地专心致志地钻研它，从而提高学习效果。从对学习的促进来说，兴趣可以成为学习的原因；从由于学习产生新的兴趣和提高原有兴趣来看，兴趣又是在学习活动中产生的，可以作为学习的结果。所以，学习兴趣既是学习的原因，又是学习的结果。

所谓学习兴趣，就是学生对学习活动或学习对象的一种力求认识或趋近的倾向。学习兴趣对学生的学习活动起着非常重要的作用，在某种程度上甚至会达到废寝忘食的境界，而没有兴趣的学生无异于一种苦役。学生的学习兴趣不是天生的，而是通过后天指导、培养和保护才能形成和发展的。

## 三、学习兴趣的培养

### （一）精心呵护孩子的好奇心

好奇心是孩子兴趣的源泉。好奇、好问，渴望通过自己的探索来了解世界是孩子的天性。当孩子带着问题去问父母的时候，父母不应该简单地将答案告诉孩子，告诉孩子答案远不如孩子自己去思考。他们在好奇心的驱使下探索这个陌生世界的表现。对孩子来说，一切都是新鲜的，值得探索的。此时，大人不要忽视和否定孩子的学习和探索行为，而应该精心地呵护孩子的好奇心，努力用孩子的眼光去观察这个世界，跟孩子一起去惊异，去提问，去讨论，去共同作出结论。

能否给孩子自由思考的空间和时间，这是呵护孩子好奇心的关键。父母如果经常给孩子下达一些强制性的智力作业任务，那么孩子会感到总是在一种有压力的环境之中，他们便会将思考问题看作是一种额外的负担，久而久之，他们的好奇心和学习的兴趣就会消失殆尽。因此，对于强制性的智力作业，要少些再少些。

（二）尊重孩子的兴趣

现在很多家长从孩子一入学开始，就千方百计想孩子学得好，懂得多，所以家长把孩子的双休日、节假日都安排得满满的。事实，孩子多学点东西是好的，家长这个出发点也是好的。但自己的孩子是否喜欢学呢？家长就不理解、不顾及孩子的感受，使孩子学得非常辛苦、吃力，不想学。孩子好比各种的树苗，有的像松柏苗，有的像杨柳苗，有的像榕树苗等，不论是什么树苗，都可以长成各种各样的材料。所以做父母的责任，并不在于强迫孩子学这一样，不学那一样，而是应该多给孩子一些自由宽松的空间，让他们自己去选择感兴趣的、喜欢的事。例如，有些孩子喜欢动手操作，搞一些小制作，而家长就认为这与学习无关，就加以阻止，限制他们，不准他们做。其实，孩子在制作的过程中也需要动脑，不懂的时候，他们就去查阅有关的资料和书籍，这就是学习的过程，这样的学习孩子还会学得自觉、开心，况且在这样的活动中，不仅使孩子的思维能力得到发展，又能提高他们的动手操作能力。家长不但不应该阻止他们做，还要根据孩子的这个兴趣特点，为他们提供有关的书籍，创造机会让孩子参加一些有益的活动和比赛。

许多事实证明了，小时候培养的兴趣往往为一生的事业奠定了基础。有些做父母的对孩子寄托了很大的希望，但他们往往按照自己的主观意志去"规定"孩子的兴趣，而不是尊重孩子自身的学习兴趣的发展规律培养孩子，这样往往会贻误孩子的发展。

（三）准确判断孩子不喜欢学习的原因并帮助解决

孩子不喜欢学习的原因非常复杂。如果我们加以探讨就会发现实际上并不是孩子不喜欢读书，而是某种因素导致的，如上学被老师批评了，读错了字遭同学的讥笑，想看电视却被迫写作业等等。

这些原因逐渐在内心堆积起来后，渐渐地对学习失去了兴趣。

我们父母首先要和孩子自由沟通，以温和的态度和孩子探讨为什么不喜欢读书。这里，孩子什么话都可以说，不管他的理由多么可笑，父母也不可责骂或取笑。当孩子把不喜欢读书的理由都说出来之后，孩子自己就会发现他不喜欢学习的原因并不是学习本身，而是被老师批评了，被讥笑，想看电视等与读书学习有关的环境。父母了解他的问题所在，就要为他解决。例如，可以和老师谈谈孩子的情况，在孩子喜欢看的电视节目播放时，先让孩子把电视看完再去学习等，这样可以帮助孩子解决学习上的障碍，恢复孩子对学习的兴趣。

（四）每次学习时间不宜过长

当前家长对孩子的期望普遍过高，他们希望孩子学习、学习、再学习，只要孩子端坐在书桌前，不管其效率如何，父母就感到欣慰，因而总是催促孩子"坐好——开始学习"。殊不知，这种做法很危险。无视孩子的心理特点，任意延长学习时间的做法会使孩子把学习和游戏对立起来，厌恶学习，对学习没有兴趣，还会养成磨蹭、注意力不集中的坏习惯。因此，家长切莫目光短浅，舍本逐末，不能忘记培养孩子的学习兴趣是头等大事。

（五）试着让孩子创造问题，增强子女的求知欲

孩子是学习的当事人，被迫学习，被迫考试，学习处于被动状态，时间久了，孩子对学习生厌是可以理解的。家长指导孩子学习时，可以换一种方法，不是经常让孩子去解答问题，而是采取让孩子创造问题的学习方法。这不仅会改变孩子的学习态度，而且会激发讨厌学习孩子的学习兴趣。

试着让孩子创造问题。孩子会考虑什么地方是要点，父母也可

以在指导孩子学习时以此为中心。另外，孩子一般会对自己理解非常充分或自觉得意的地方提出问题，这对父母来说，就很容易掌握孩子在哪些方面比较擅长，在哪些方面还有欠缺。如果坚持这种学习方法，孩子就会在平常的学习中准确地抓住学习的要求和问题所在。此外，这还有助于提高孩子的表达能力，满足孩子的自尊心，学习自然就会取得良好的效果。

（六）家长的教育方式、方法与孩子学习兴趣的关系

家长要注意自己的行为和态度。经常在家中被打、骂、拿他们和班的优秀学生比，经常在孩子面前流露出对他的不满等，这样做法只会伤害了孩子的自尊心，使孩子自暴自弃，对学习失去信心，没有兴趣，造成一种恶性循环。所以，家长要注意自己的言行，一定要以一种积极的态度去看自己的孩子，相信自己的孩子是可以改变的。当孩子比以前哪怕有一点点的进步时，家长都要给予适当的鼓励和表扬，让孩子意识到他是在慢慢改变。家长要学会拿孩子的现在和以前比，而不要和其他同学比，因为每个孩子都是不同的。家长还要在行为上做到对孩子的优秀行为及时强化，不良的行为适当惩罚。当孩子没有完成作业时，千万不要给预定的奖励。当孩子在家里有了改变的时候，家长可以和老师联系或沟通，让老师在学校或班里给予鼓励和表扬，及时强化他们的好行为。

（七）为孩子创造一个愉悦的学习环境

孩子一般都爱听故事，不管是老师或父母讲故事，还是广播电台或电视台播放故事，孩子们总是专心致志地听，特别是绘声绘色地讲故事最能吸引他们。当你讲小人书中的故事时，你会发现孩子常常是一边听一边很想认识书上的字，这种主动要求学习的精神是

非常可贵的。父母可以利用这一时机因势利导，适当教孩子认认字，不要求孩子写，更不要求孩子记这些字，只要他们能认识，能把一个小故事读下来就行。孩子听得多了，读得多了，自然而然地掌握了这些字。会有一天，父母发现，孩子已经能很连贯地把书上的故事琅琅上口地读出来。当孩子在阅读课外书刊时，家长可利用读物内容，作为与孩子对话的内容。这样，孩子在一个宽松愉悦的学习环境中，可以不时地受到启迪，并逐步养成主动学习、主动探索知识的兴趣与习惯。

（八）带孩子到大自然、社会中去，开阔眼界，提高学习兴趣

家长可以经常有意识地引导孩子到大自然中观察日月星辰、山川河流。比如春天可带孩子去观察小树以及其他植物的生长情况；夏天带孩子去游泳、爬山；秋天带他们去观察树叶的变化；冬天又可引导他们去观察人们衣着的变化，看雪花纷飞的景象。孩子通过参加各种活动开阔了眼界，丰富了感性认识，提高了学习兴趣。家长最好还能指导他们参加一些实践，如让孩子自己收集各种种子、搞发芽的试验、栽种盆花；也可饲养些小动物。随着孩子年龄的增长，可以启发他们把看到的、听到的画出来，并鼓励他们阅读有关图书，学会提出问题，学会到书中找答案。这样，孩子的兴趣广泛，知识面扩大了，学习能力也在不知不觉中提高了。

（九）发展孩子多方面的兴趣

一些孩子由于受家庭和周围环境的影响，在3岁左右就开始对画画或乐器产生兴趣。特别是孩子进了幼儿园以后，在老师的诱导下，他们的兴趣爱好出现了第一次飞跃。最先使孩子产生兴趣的一般是画画、唱歌和表演，当然这些都是模仿性的。对钢琴、电子琴、手风琴的兴趣都可以在幼儿期唤起，这时不是要求孩子能达到什么

水平，而是以唤起他们对各种乐器的兴趣为主。下棋更是如此，很小的孩子就喜欢跟大人下棋，当然更喜欢和小朋友们一起下游戏棋。父母只要做有心人，为孩子们提供一些条件，准备一些简单的器具，多给孩子讲讲自己的见闻，多与孩子一起玩，孩子多种学习兴趣就会逐渐培养起来。

家长在培养孩子的学习兴趣时，一定要有耐心，因为孩子的心智发展还不够成熟，稳定性不够，所以多好动爱玩，所以不要过于急于求成，以避免造成负作用。

## 四、培养方法

学习兴趣的产生与教学有密切的关系。学生学习兴趣的培养，主要在教师使学习活动有兴趣，其方法为：

（一）增加教材趣味性

加强教材的趣味性、系统性、科学性。有趣的、能逐步掌握的、可获得科学知识的教材，肯定能引起学生的学习兴趣。

（二）提高教学水平

提高教学水平。太易太难的教材与提问都不足以激起学生的兴趣。使学生不断获得新知识，并能将其成功地运用于实际，及时得到强化。这样的教学过程，学生就会觉得饶有兴味，学习兴趣就会日益浓厚。

（三）了解学生已有兴趣

了解学生已有的兴趣。新的学习兴趣很少凭空出现，它多半是已有兴趣的衍生物，因此，搞清学生已有的学习兴趣，就有了扩展和提高其学习兴趣的基础。

（四）帮助学生认识内容

帮助学生认识学习某一学科（或材料）的社会意义及其与个人的关系。

"奖优"和"竞赛"虽也能激发学生的学习兴趣，但这些方法如运用不当，则流弊较多，因此要慎重对待。

## 五、事例

聪明的小男孩

从前，一个国王经常给身边的大臣出难题来取乐，如果大臣答对了，他将用小恩小惠给点赏赐；如果答不出来，那将受罚，甚至被砍头。

一天，国王指着宫里的一个池塘问："谁能说出池子里有多少桶水，我就赏他珠宝。如果说不出来，我就要'赏'你们每人50大鞭。"大臣们被这突如其来的问题难住了。

正在大臣们心慌意乱之际，走过来一个放牛的小男孩。他问清了事情的缘由之后说："我愿意见见这位国王。"

大臣们把小男孩带到了国王身边。国王见眼前的小男孩又黑又瘦又小，便怀疑说："这个问题答上来有奖，答不上来可要被砍头的，你知道吗？"在场的人都替这个小男孩捏了一把汗，可小男孩却不慌不忙地回答出国王的问题。国王无奈之下，拿出珠宝奖励给了小男孩。小朋友们，你知道他是怎样回答的吗？

其实，国王出的是一道条件不足的问题。在正常的思维模式下是无法找出正确答案的。小男孩正好抓住这一关键。他是这样回答的："这要看桶有多大：如果桶和池塘一样大，就是一桶水；如果桶只有池塘一半大，就是有两桶水；如果桶是池塘的 1/3 大，就是 3 桶水……"

小男孩实际上打破了习惯性的思维模式，对具体的问题进行具体的分析，他的头脑多么聪明，多么灵活啊！

## 第二节　掌握合理的学习方法　养成良好的学习习惯

### 一、合理的学习方法

（一）学会合理安排学习时间

首先你要清楚一周内所要做的事情，然后制定一张作息时间表。在表上填上那些非花不可的时间，如吃饭、睡觉、上课、娱乐等。安排这些时间之后，选定合适的、固定的时间用于学习，必须留出足够的时间来完成正常的阅读和课后作业。当然，学习不应该占据作息时间表上全部的空闲时间，总得给休息、业余爱好、娱乐留出一些时间，这一点对学习很重要。一张作息时间表也许不能解决你所有的问题，但是它能让你了解如何支配你这一周的时间，从而使你有充足的时间学习和娱乐。

（二）学习前先预习

这就意味着在你认真投入学习之前，先把要学习的内容快速浏览一遍，了解学习的大致内容及结构，以便能及时理解和消化学习内容。当然，你要注意轻重详略，在不太重要的地方你可以花少点时间，在重要的地方，你可以稍微放慢学习进度。

（三）充分利用课堂时间

学习成绩好的学生很大程度上得益于在课堂上充分利用时间，这也意味着在课后少花些功夫。课堂上要及时配合老师，做好笔记来帮助自己记住老师讲授的内容，尤其重要的是要积极地独立思考，跟得上老师的思维。

（四）有选择、有针对性地做题

对于做练习题，不像有的人那样，做完老师布置的，马上接着做从其他学校收集来的，再接着做从书店里买来的课外试题集。一般是有选择性、有针对性地做练习题。

诸如选择做一些自己不太熟练的题型、全新的题型；或是针对某个重要的知识点找来一些相应的练习题来做；或是做一些有代表性地、能够举一反三的练习题。当然，对于已经掌握了的知识点，也要注意经常性地翻看它们，以此达到巩固和复习已学知识的目的。

比如数学，除了课本上的练习题外，大家可以挑选一些比较典型的习题，每做完一道题，认为自己已经掌握了其中的解题方法，并且可以举一反三的时候，可以不必重复做。但是，每隔一段时间，要挑拣一些曾经熟知的习题做，以确保对这部分知识的二次掌握和熟练。

对于语文、历史等文科知识，特别注重在课堂上消化新知识，课下这方面的练习题做得少一些，当然必须完成老师特别交代的经典习题。但必须要做的是，利用课余的一些时间阅读相关的书籍。

（五）提炼学习方法

除了准备一个收集错题的作业本外，还可以准备一个提炼学习方法的本子。在这个本子上，记录了一些解题的思路和方法。比如在做数学题的时候，有些习题的解题思路我当时没想到，或是这种思路是非常典型的，能用来举一反三的，都记在这个本子上，在旁白处标注好这道题是用哪种解题思路、以及运用了那些解题方法等。

（六）善于总结错题

在做练习题的过程中，青少年朋友还可以专门准备了一个收集错题的作业本。就是说，在做过的习题册中，或是考试中，把那些做错的习题摘录下来，然后分析做错的原因，找到正确的解题方法和解题思路，然后一一记在本子的空白处。这样，既可以确保下次不再犯这样的错误，又可以更好地掌握这种解题的方法和思路。

每当考试前夕，在同学们正在为自己的考前复习弄得焦头烂额的时候，只要拿出你的改错本，仔细地翻看一遍，内容既少又精炼，而且都是针对自己的问题。这样，针对自己存在的问题而做的复习工作，既不会花费很多时间，又可以做到准确、全面、有侧重点。这样，在考试中成绩名列前茅，那是一定的了。

（七）学习要有合理的规律

课堂上做的笔记你要在课后及时复习，不仅要复习老师在课堂上讲授的重要内容，还要复习那些你仍感模糊的认识。如果你坚持定期复习笔记和课本，并做一些相关的习题，你定能更深刻地理解这些内容，你的记忆也会保持更久。定期复习能有效地提高你的考试成绩。

有可能的话，找一个安静的、舒适的地方学习。选择某个地方作你的学习之处，这一点很重要。它可以是你的单间书房或教室或图书馆，但是它必须是舒适的，安静而没有干扰。当你开始学习时，你应该全神贯注于你的功课，切忌"身在曹营心在汉"。

（八）树立正确的考试观

平时测验的目的主要看你掌握功课程度如何，所以你不要弄虚作假，而应心平气和地对待它。或许，你有一两次考试成绩不尽如人意，但是这不要紧，只要学习扎实，认真对待，下一次一定会考出好成绩来。通过测验，可让你了解下一步学习更需要用功夫的地方，更有助于你把新学的知识记得牢固。

## 二、良好的学习习惯

（一）学习习惯的含义

学习习惯是在学习过程中经过反复练习形成并发展，成为一种个体需要的自动化学习行为方式。良好的学习习惯，有利于激发学生学习的积极性和主动性；有利于形成学习策略，提高学习效率；有利于培养自主学习能力；有利于培养学生的创新精神和创造能力，使学生终身受益。

（二）具体的学习习惯

1. 主动学习的习惯

别人不督促能主动学习，一学习就要求自己立刻进入状态，力求高效率地利用每一分钟学习时间。要有意识地集中自己的注意力用于学习，并能坚持始终。

2. 及时完成规定的学习任务的习惯

要在规定的时间完成规定的学习任务。把每个规定的学习时间分成若干时间段，根据学习内容，为每个时间段规定具体的学习任务，并要求自己必须在一个时间段内完成一个具体的学习任务。这样做，可以减少乃至避免学习时走神或注意力涣散的情况，有效地提高学习效率。还可以在完成每个具体学习任务后，产生一种成功的喜悦，使自己愉快地投入到下一时间段的学习中去。

### 3. 各学科全面发展，不偏科的习惯

现代社会迫切需要的是发展全面的复合型人才，所以要求中学生要全面发展，不能偏科。这就要求中学生对自己不喜欢的学科更要努力学习，在学习中不断提高兴趣。对不喜欢的学科或基础比较薄弱的学科，可以适当降低标准，根据自己的实际情况，确立经过努力完全可以实现的初期目标、中期目标、远期目标，然后要求自己去完成。这是克服偏科现象的有效方法。

### 4. 预习的习惯

课前预习可以提高课上学习效率，有助于培养自学能力。预习时应对要学的内容，认真研读，理解并应用预习提示、查阅工具书或有关资料进行学习，对有关问题加以认真思考，把不懂的问题做好标记，以便课上有重点地去听、去学、去练。

### 5. 认真听课的习惯

上课时，老师不仅用语言传递信息，还会用动作、表情传递信息，用眼神与学生交流。因此，中学生上课必须盯着老师听，跟着老师想，调动所有感觉器官参与学习。能否调动所有感觉器官学习，是学习效率高低的关键性因素。上课要做到情绪饱满，精力集中；抓住重点，弄清关键；主动参与，思考分析；大胆发言，展示思维。

### 6. 上课主动回答问题的习惯

中学生应该成为学习的主人，在课上要认真思考每一个问题，积极回答问题可以促进思考，加深理解，增强记忆，提高心理素质，促进创新意识的勃发。回答问题要主动，起立迅速，声音宏亮，表述清楚。

7. 多思、善问、大胆质疑的习惯

学习要严肃认真、多思善问。"多思"就是把知识要点、思路、方法、知识间的联系、与生活实际的联系等认真思考，形成体系。"善问"不仅要多问自己几个为什么，还要虚心向老师、同学及他人询问，这样才能提高自己。而且，还要在学习的过程中，注意发现问题，研究问题，有所创造，敢于合理质疑已有的结论、说法，在尊重科学的前提下，敢于挑战权威，要做到决不轻易放过任何一个问题。要知道"最愚蠢的问题是不问问题"，应该养成向别人请教的习惯。

8. 上课记笔记的习惯

在专心听讲的同时，要动笔做简单记录或记号。对重点内容、疑难问题、关键语句进行"圈、点、勾、画"，把一些关键性的词句记下来。有实验表明：上课光听不记，仅能掌握当堂内容的30%，一字不落的记也只能掌握50%，而上课时在书上勾画重要内容，在书上记有关要点的关键的语句，课下再去整理，则能掌握所学内容的80%。

9. 课后复习的习惯

课后不要急于做作业，一定要先对每一节课所学内容进行认真的复习，归纳知识要点，找出知识之间的联系，明确新旧知识之间的联系，形成知识结构或提要步骤式知识结构。主动询问，补上没有学好的内容。对不同的学习内容要注意进行交替复习。

10. 及时完成作业的习惯

按时完成老师布置的作业和自己选做的作业，认真思考，认真书写，一丝不苟，对作业中存在的问题，认真寻找解决的办法。作业写完后，要想一下它的主要特征和要点，以收到举一反三的效果。

作业错了，要及时改过来。

11. 阶段复习的习惯

经过一段时间的学习，要对所学的知识进行总结归纳，形成单元、章节知识结构，在大脑中勾画图式。这是使知识系统化，牢固掌握知识，形成学科能力的重要一环。

12. 自觉培养创造性思维能力的习惯

创造性思维能力是人的智力高度发展的表现，是创新能力的内核，是实现未来发展的关键。中学生应该随时注意运用如下步骤培养创造性思维能力：①界定自己所面临的问题。②搜集相关问题的所有信息。③打破原有模式，从 8 个方面尝试各种新的组合。包括改变方向，改变角度，改变起点，改变顺序，改变数量，改变范围，改变条件，改变环境等等。④调动所有感觉器官参与。⑤让大脑放松，让思维掠过尽可能多得领域，以引发灵感。⑥检验新成果。以上六步是解决作业难题的有效方法。

学无止境，同学们在学习过程中要善于总结自己的学习经验，也要善于借鉴他们比较好的学习经验为己所用。聪明的你一定能找出适合自己的一套学习方法，乘风破浪，早日达到胜利的彼岸.

## 三、事例

悬梁刺股

东汉时候，有个人名叫孙敬，是著名的政治家。他年轻时勤奋好学，经常关起门，独自一人不停地读书。每天从早到晚读书，常常是废寝忘食。读书时间长，劳累了，还不休息。

时间久了，疲倦得直打瞌睡。他怕影响自己的读书学习，就想出了一个特别的办法。古时候，男子的头发很长。他就找一根绳子，一头牢牢地绑在房梁上。当他读书疲劳时打盹了，头一低，绳子就会牵住头发，这样会把头皮扯痛了，马上就清醒了，再继续读书学习。

这就时孙敬悬梁的故事。

战国时期，有一个人名叫苏秦，也是出名的政治家。在年轻时，由于学问不多不深，曾到好多地方做事，都不受重视。

回家后，家人对他也很冷淡，瞧不起他。这对他的刺激很大。所以，他下定决心，发奋读书。他常常读书到深夜，很疲倦，常打盹，直想睡觉。他也想出了一个方法，准备一把锥子，一打瞌睡，就用锥子往自己的大腿上刺一下。这样，猛然间感到疼痛，使自己清醒起来，再坚持读书。这就使苏秦"刺股"的故事。

从孙敬和苏秦两个人读书的故事引申出"悬梁刺股"这句成语，用来比喻发奋读书，刻苦学习的精神。他们这种努力学习的精神是好的，但是他们这种发奋学习的方式方法不必效仿。

## 第三节　提高记忆力

### 一、记忆的内涵

记忆，就是过去的经验在人脑中的反映。它包括识记、保持、再现和回忆4个基本过程。其形式有形象记忆、概念记忆、逻辑记忆、情绪记忆、运动记忆等。

记忆的大敌是遗忘。提高记忆力，实质就是尽量避免和克服遗忘。在学习活动中只要进行有意识的锻炼，掌握记忆规律和方法，就能改善和提高记忆力。

## 二、提高记忆力的方法

1. 注意集中

记忆时只要聚精会神、专心致志，排除杂念和外界干扰，大脑皮层就会留下深刻的记忆痕迹而不容易遗忘。如果精神涣散，一心二用，就会大大降低记忆效率。

2. 兴趣浓厚

如果对学习材料、知识对象索然无味，即使花再多时间，也难以记住。

3. 理解记忆

理解是记忆的基础。只有理解的东西才能记得牢记得久。仅靠死记硬背，则不容易记得住。对于重要的学习内容，如能做到理解和背诵相结合，记忆效果会更好。

4. 过度学习

即对学习材料在记住的基础上，多记几遍，达到熟记、牢记的程度。

5. 及时复习

遗忘的速度是先快后慢。对刚学过的知识，趁热打铁，及时温习巩固，是强化记忆痕迹、防止遗忘的有效手段。

6. 经常回忆

学习时，不断进行尝试回忆，可使记忆有错误得到纠正，遗漏得到弥补，使学习内容难点记得更牢。闲暇时经常回忆过去识记的对象，也能避免遗忘。

7. 视听结合

可以同时利用语言功能和视、听觉器官的功能，来强化记忆，提高记忆效率。比单一默读效果好得多。

8. 多种手段

根据情况，灵活运用分类记忆、图表记忆、缩短记忆及编提纲、作笔记、卡片等记忆方法，均能增强记忆力。

9. 最佳时间

一般来说，上午9 – 11时，下午3 – 4时，晚上7 – 10时，为最佳记忆时间。利用上述时间记忆难记的学习材料，效果较好。

10. 科学用脑

在保证营养、积极休息、进行体育锻炼等保养大脑的基础上，科学用脑，防止过度疲劳，保持积极乐观的情绪，能大大提高大脑的工作效率。这是提高记忆力的关键。

## 三、提高记忆力的步骤

1. 平心静气。在日常生活与学习中都保持一种让自己平心静气的心态。更多的时候是让自己的大脑安静。

2. 调整自己大脑的工作和休息时间，让大脑得到充分的休息，疲劳会降低大脑的工作效率。

3. 树立起自己记忆优良的信心，并时时提醒自己要记住必须记住的东西，必须坚信自己"一定能记住"！

4. 要学习和找到一套适合提高自己记忆力的方法，加之必要而又经常的训练再训练，提高再提高。

5. 要保持对世界充满强烈的爱好与兴趣，兴趣是记忆的第一推动力。对被记忆的对象要象对待自己的"情人"一样有足够的兴趣。

6. 强烈的愿望和刺激可以促进自己的记忆。

7. 要在自己的工作与生活中建立与愉快事情相联系的记忆。

8. 让自己的心态永远年轻，保持年青人的刺激可以促使自己脑细胞变得敏锐和年轻。

9. 学会一种或多种观察能力，敏锐的观察力能能帮助我们记忆。

10. 要站在对方的立场上考虑问题，在记忆中尤其如此。要在充分理解的基础上记忆。

11. 开发自己的右脑，把记忆对象形象化有助于记忆。

12. 掌握歌诀或口诀记忆知识，把互不关联的记忆对象编成歌诀有利于记忆。

13. 学会特征记忆技巧，找到记忆对象的特点，辨别出其特征有助于记忆。

14. 学会整理和分类，适当的分散记忆（化整为零）有时比集中记忆效果好。

15. 充分运用人自身体的五官功能，调动身体各器官协同记忆。

## 四、事例

西汉时候，有个农民的孩子，叫匡衡。他小时候很想读书，可是因为家里穷，没钱上学。后来，他跟一个亲戚学认字，才有了看书的能力。

匡衡买不起书，只好借书来读。那个时候，书是非常贵重的，有书的人不肯轻易借给别人。匡衡就在农忙的时节，给有钱的人家打短工，不要工钱，只求人家借书给他看。

过了几年，匡衡长大了，成了家里的主要劳动力。他一天到晚在地里干活，只有中午歇晌的时候，才有工夫看一点书，所以一卷书常常要十天半月才能够读完。匡衡很着急，心里想：白天种庄稼，没有时间看书，我可以多利用一些晚上的时间来看书。可是匡衡家里很穷，买不起点灯的油，怎么办呢？

有一天晚上，匡衡躺在床上背白天读过的书。背着背着，突然看到东边的墙壁上透过来一线亮光。他噌地站起来，走到墙壁边一看，啊！原来从壁缝里透过来的是邻居的灯光。于是，匡衡想了一个办法：他拿了一把小刀，把墙缝挖大了一些。这样，透过来的光亮也大了，他就凑着透进来的灯光，读起书来。

## 第四节　强身健体

### 一、青少年的体质、心理现状

目前，我国社会飞速发展，物质与文化水平在不断地提升，但是我国青少年的体质状况却令人担忧。视力下降、体重上升、柔韧性降低，学生体质下降已成为不得不面对的事实。

学生的主要心理健康问题表现在驱体化、强迫症状、忧郁、焦虑和敌对5个方面，教育方式、人际关系、性意识、学业压力、性信息刺激和社会支持是影响学生心理健康的主要因素。学生心理健康问题主要症状表现为：缺乏耐力、容易被人误解、思想不集中、缺乏自信心、爱操心、缺乏观察力、过于担心将来的事、容易动怒、父母期望值过高、缺乏决断能力等。较大的心理压力，会使学生整天处于高度紧张状态之中，记忆力减退、注意力涣散、神经衰弱、出现一些异常的学习行为与习惯，从而导致厌学情绪。

## 二、如何培养学生的锻炼习惯

（一）转变观念，提高对培养学生良好锻炼习惯的认识

长期以来，许多体育老师在课堂教学中，主要是让学生通过身体练习来掌握体育基本知识、技术和技能。不注重培养学生的锻炼态度、兴趣和习惯。有的甚至弃之不顾。其实不然，如果没有端正的锻炼态度，又没有锻炼兴趣和良好的锻炼习惯，学生是无法真正掌握体育知识、技术和技能的，当然也就无法实现全面提高身体素质。相反，学生对锻炼如有浓厚的兴趣，又具有良好的锻炼态度和习惯，就会以一种积极的态度，精神饱满地参与练习。因此，体育教师应转变观念，在课堂教学中积极主动地培养学生良好的锻炼习惯。

（二）有计划地培养学生良好的锻炼习惯

培养学生良好的锻炼习惯，包含两层意思：一是培养学生科学地进行身体锻炼；二是培养学生把体育锻炼作为日常生活的一种需要，成为一种习惯。其中，培养学生科学地进行身体锻炼是基础，只有科学地锻炼身体的习惯，才能称得上良好的锻炼习惯。

1. 指导学生掌握科学锻炼身体的方法

不是任何一种活动都是体育活动，也不是任何一种体育活动都能锻炼身体和增强体质，不懂得用科学的方法锻炼身体，不仅会影响锻炼效果，还可能损害身体健康。只有懂得和运用锻炼身体的基本原理和科学锻炼的方法，才能达到预期的锻炼效果。因此，体育教师在课堂教学中，应有意识地把科学锻炼身体的基本原理和方法传授给学生。首先，让学生了解人体的结构、各系统器官的功能、身体锻炼的卫生常识、体育动作的规律特点，以及体育锻炼是如何促进人体生理变化的。这些基本知识可在健康教育课中传授。

其次，让学生懂得生理负荷的最佳方案和合理的锻炼程序，以及为什么做与怎样做准备活动和整理活动等方面的知识。此外，体育教师应根据学生不同年龄阶段，运用不同的锻炼手段和方法，引导学生进行身体锻炼。

2. 加强良好锻炼习惯的训练

良好习惯的形成，是意志与毅力的结果，只有经过严格要求、反复训练和努力实践才能形成。前苏联教育家马卡连柯曾说："必须努力尽可能坚强地形成学生良好的习惯，但为了达到这种目的最重要的还是正当行为的不断练习。"因此，体育教师培养学生良好的锻炼习惯要依据学生的年龄、心理特征，根据教与学的需要与可能，制订严密的、科学的、切实可行的计划，有的放矢地逐个项目培养和训练。

让学生准确掌握动作要领和练习过程，要由易到难，由单项到系列，由部分到整体，坚持不懈，反复训练。教师还应经常督促检查，持之以恒。只有这样，才能逐渐形成学生良好的锻炼习惯。

3. 培养训练学生的良好锻炼习惯，应与端正态度、激发兴趣相结合

锻炼态度、兴趣和习惯同属于非智力因素范畴，三者之间互相影响、互相促进。锻炼态度端正，参与锻炼的兴趣浓，必然催化学生良好锻炼习惯的形成。而有了良好锻炼习惯的学生，其锻炼态度自然端正，参与锻炼的兴趣自然浓厚，锻炼效果也会得到显著提高。因此，好的锻炼态度和方法都要将它化为习惯，只有形成了习惯，好的态度和方法才能随时表现与应用，好像出于本能，受益于终身。

（三）把握形成学生良好锻炼习惯的两个因素

1. 发挥体育教师在教学过程中的主导作用

青少年学生模仿性强，体育教师是学生直接效仿的对象之一，对学生能否形成良好锻炼习惯有直接的影响。因此，体育教师在课堂教学中，应充分发挥为人师表、言传身教的示范作用，认真贯彻课堂常规，科学地安排教学过程，规范准确地讲解示范动作技术，并且加强练习方法方面的指导。让每一个学生每一节课都经受一个科学锻炼身体的过程，并且能体验到成功的愉悦。通过明示和暗示的综合效应，来培养学生良好的锻炼习惯。

2. 促使学生形成自律性

培养学生良好锻炼习惯的过程，学生是主体。外因需要通过内因起作用，只有设法将学生从被动锻炼中解放出来。变被动锻炼为主动锻炼，才能达到培养学生良好锻炼习惯的目的。由被动锻炼转化为主动锻炼，需要很强的锻炼自觉性和自觉能力。

总之，不断提高学生积极性和主动参与锻炼的自律性，教育学生要认真锻炼，踏踏实实，从点滴做起，就能养成良好的锻炼习惯，使学生的身心得到健康发展。

## 三、饮食环境与饮食习惯

1．就餐环境应清洁、明亮、舒适，就餐时可播放轻音乐。这样，可使就餐者心情轻松愉快，消除大脑虎层的紧张与疲惫，从而增进食欲。

2．定时定量进餐。可使消化腺的分泌和胃肠蠕动形成有规律的运动，假若进食不定时，饥饱不均匀，会引起胃肠功能紊乱，影响消化吸收。

3．不暴饮暴食。不偏食和择食。暴饮暴食容易引发胰腺炎和急性消化不良、胃炎等。喜欢吃这种而不爱吃那种，或只吃几种食物，其他的都不愿吃，称为偏食和择食。要知道不同食物所含营养不相同，再好的一种食物都不能含有所有的营养万分。

4．少吃零食。多吃零食，时间一长，机体必需的营养素摄入不足，会导致营养不良。另一方面因吃零食时会把手上的脏物与细菌带入口中，易感染肠道疾病。

5．饭前饭后半小时内不要从事紧张的脑力劳动或剧烈运动。也不宜边吃饭边看书。这些都会造成胃肠蠕动减弱，消化液分泌减少，影响消化吸收功能，严重时还会引起胃炎或其它胃肠道疾病。

6．吃饭时不能生气。发怒争吵，哭泣悲伤，这些不但妨碍进餐，影响食欲，而且容易引发消化不良。

## 四、学生得不到起码睡眠："过劳"背后隐患大

有专家认为，应试教育是造成中学生"过劳"压力的直接原因。

然而，面对这种暂时谁都无法改变的问题，优质教育资源缺乏和分配不公平更是罪魁祸首。能考上名牌学校的只有少数学生，但家长们都希望自己的孩子能上最好的学校。优质教育资源缺乏导致了激烈的竞争，使学生有了沉重的压力。学生学习效率的提高是成绩提高的最重要因素，而疲劳战、题海战不仅降低学习效率，而且是一个学校教学水平低劣的典型表现。

据有关部门对郑州市 15 所中学 60 多名中学生的睡眠时间调查得到的数据显示：高中生每天晚上的平均睡眠时间为 6 个小时，其中高三学生 5 个小时，在校学习时间超过 10 个小时，最多超过 13 个小时，远远超过中学生每日学习时间 8 小时以内的规定。上课时间瞌睡怎么办，不少学生称，如果困极了老师允许站着听课。

值得人们深思的一个事例是：两年前，河南省第二实验中学根据初中学生的身体、学习等实际情况，打破以往的传统做法，提出了"增加睡眠取消早读"的举措。没想到，此举立即在社会上引发了一场"取消早读好不好"的争论。当时，除了河南省教育厅和郑州市教育局对此举表示赞同和支持外，部分家长和中学校长表示不置可否，而多数家长竟然都是反对之声。

## 五、体育锻炼的培养

（一）从小做起，抓好开端

习惯从小培养，比较容易获得成功。根据习惯形成的后天性和习惯定型的稳固性，学生的体育锻炼习惯最好从小学低年级就开始抓。从学生体育锻炼习惯形成的过程来看，开端是关键。在培养良好习惯之初，要晓之以理，动之以情。鼓励学生敢于同不良影响和不适应状态作斗争，朝着既定的目标勇往直前。

（二）明白事理，激发兴趣

要培养学生锻炼习惯，首先要使学生明白体育锻炼意义，激起学生参加的动机。与此同时，体育教师应在体育教学与课外体育活动中，根据学生的年龄和性别，充分利用在教材教法，活动内容及内容及形式的新颖性与情趣性来激发学生的偶发兴趣，培养学生的参与意识。借助体育运动特有的魅力，通过各种形式和方法，让学生在运动中充分表现自己的运动才能，从面保持对体育锻炼的稳定的兴趣。

（三）循序渐进，打好基础

培养中小学生体育锻炼习惯，要从学生的年龄和特征出发，根据教与学的需要与可能，让学生准确掌握正确要领。有的放矢，一个项目一个项目地培养和训练，由易到难，由单项到系列，由部分到整体地坚持不懈抓下去，日积月累，就能为学生打下体育锻炼的良好基础。

（四）严格要求，反复训练

任何良好习惯的形成，都要靠坚强的意志，严格的要求，努力的实践。就是说在让学生了解必要的道理，提高认识的同时，必须着重花大力气引导、督促他们去自觉实践，在反复的练习中化为自身的东西，达到习惯的养成。

例如，为使学生养成做准备活动的习惯，教师应在学生了解道理的基础上，在每次锻炼开始时都让学生按锻炼内容的需要，认真地做好准备活动，只有这样才能逐渐使他们把做好准备活动化为从事身体运动的一种需要。

（五）持之以恒，终达自然

习惯是一种得到巩固的行为方式。凡属良好习惯的形成都有一个长期的发展过程，即有一个把信念变成惯性，把整体思想化为行动的过程。中小学生对于教师提出的养成锻炼习惯的种种要求，容易接受，也容易忘掉，不易坚持。要养成体育锻炼习惯，必须经过刻苦的磨炼。为此，教师就必须对学生循循善诱，晓之以理，鼓励他们从顽强的意志进行持之以恒的实践。当学生体育锻炼习惯初步形成后，要根据他们的实际，不断地提出新要求，使其逐步提到巩固。

培养学生良好的体育锻炼习惯对学生其他习惯的养成，如学习习惯、卫生习惯、劳动习惯、道德习惯等都具有积极影响。中小学生养成良好的体育锻炼习惯，不仅能够使这个人身心得到发展，终身受益，而且也有利于文明的社会风尚的形成，有利于提高中华民族的健康水平。

## 六、事例

施瓦辛格的小故事

40多年前，一个十多岁的穷小子，自小生长在贫民窟里，身体非常瘦弱，却在日记里立志长大后要做美国总统。但如何能实现这样宏伟的抱负呢？年纪轻轻的他，经过几天几夜的思索，拟定了这样一系列的连锁目标。

做美国总统首先要做美国州长→要竞选州长必须得到雄厚的财力后盾的支持→要获得财团的支持就一定得融入财团→要融入财团就最好娶一位豪门千金→要娶一位豪门千金必须成为名人→成为名

人的快速方法就是做电影明星→做电影明星前得练好身体练出阳刚之气。

按照这样的思路，他开始步步为营。某日，当他看到著名的体操运动主席库尔后，他相信练健美是强身健体的好点子，因而萌生了练健美的兴趣。他开始刻苦而持之以恒地练习健美，他渴望成为世界上最结实的壮汉。3 年后，借着发达的肌肉，一身似雕塑的体魄，他开始成为健美先生。

在以后的几年中，他囊括了欧洲、世界、全球、奥林匹克的健美先生。在 22 岁时，他踏入了美国好莱坞。在好莱坞，他花费了 10 年，利用在体育方面的成就，而一心去表现坚强不屈、百折不挠的硬汉形象。终于，他在演艺界声名鹊起。当他的电影事业如日中天时，女友的家庭在他们相恋 9 年后，也终于接纳了这位"黑脸庄稼人"。他的女友就是赫赫有名的肯尼迪总统的侄女。

婚姻生活恩爱地过去了十几个春秋。他与太太生育了 4 个孩子，建立了一个"五好"的典型家庭。2003 年，年逾 57 岁的他，告老退出了影坛，转为从政，成功地竞选成为美国加州州长。

他就是阿诺德·施瓦辛格。他的经历让人记住了这样一句话：思想有多远，我们就能走多远。同时，他也告诉我们强身健体对一个人的重要作用。

## 第五节　学习时间的合理安排

### 一、如何合理安排

（一）计划是实现目标的蓝图

古人云："凡事预则立，不预则废。"这就是说不管做什么，先有了统筹规划，那么定会取得事业成功；否则，就可能导致失败。

作为一名学生，为了使你高效地完成学习、切实培养创新能力，你也应该把自己的学习生活更好地规划一下，并按切实可行的计划逐条实施。优秀的学生能有重点地进行系统学习，这就需要合理制订计划，科学安排时间。但常常看到很多学生糊里糊涂过日子，摸摸这个、又碰碰那个，或者干脆将学习任务堆积起来，一直拖到期末考试即将来临，才不得不突击学习为止。

一个好的时间表可对学习做整体统筹，从而节约学生的时间和精力，提高学习效率。而且，它可将日常学习细节变成习惯，使学习变得更为主动；它能够帮助学生将各项学习活动的活动规律和学习时间有机地结合起来。一个好的学生会经常询问自己：制订学年的学习计划了吗？有假期的学习计划表吗？编制一周的功课表了吗？每天要做什么事情，自己都很明确吗？你经常检查一天的时间利用效果吗？如果你的回答都是肯定的，那么你的时间利用得很好，你是一个计划性很强的、出色的具有创新能力的学习者；反之，你就需要认真考虑如何合理制订计划，科学安排时间。

（二）合理制订学习计划

学习计划可分为学期学习计划（长计划）与每周、每天学习计划（短安排）两大类型。

1. 学期学习计划（长计划）。在本学期时间内学习什么，主要解决什么问题，达到什么目标，应有个大致规划。由于大学时期各学期的学习课程、任务、目的等都不相同，其中许许多多变化是始料不及的，所以学期计划又不可太具体，重点在学习上应明确主攻方向，准备解决的几个大问题等。应注意的是在制订学期长计划时需要具备几周的课程经验，只有对各门课程有了大致了解后，才能认真制订学期计划。

2. 周、日学习计划（短安排）。主要指周或日计划。在短安排中，学生可非常具体地设定自己的时间安排，它是一种操作性很强的计划。在一周内应阅读哪些课程的书籍，做哪些作业等，都应安排妥当。只有这样，才能取得预期效果。

前苏联著名诗人普希金曾说："要完全控制一天的时间，因为脑力劳动是离不开秩序的"。针对自身特点，做出切合实际的安排，以清楚地知道在一天、一周内要做什么事情，使自己有条不紊地学习。同样应注意的是在制定学习时间表后，应先根据实际情况作一调整、修订，然后再照此实行。这样对每天的学习就可作到胸中有数，避免出现偏科现象，加强较差科目的学习，并可挤出更多时间来干别的事情。

（三）遵循心理活动规律，充分考虑自身的特点

制订学习计划时，要充分考虑自身的特点，科学地安排时间。

首先，课程表和老师布置的作业，并不能代替做计划。课程表只是对学生整体活动的笼统安排，至于具体学什么和如何去学，还

需要更细致地计划，如面对课后的三四科作业，怎样去完成，有的同学没有较系统地考虑，往往造成遗漏或拖延。而且，如果真正明确了课本学习的内容，并把它限定在一定的时间里，而不用所有的时间来对付它，会发现还有不少空余时间等着同学们来支配、安排。

其次，制订的计划不能实施，是导致学生们对计划失去信心和兴趣的主要原因。但这不能归罪于计划本身，而应调整自己制订计划的方式，尤其要注意提高计划的可行性。要保证计划的可行性，计划的活动既要适量，又要有一定的灵活度。不少学生不做计划则已，一做计划就每分每秒都安排，就想包罗万象、一举成功，这样的计划犹如一个完全伸展出去的拳头，已经没有了力度。所以真正有效的计划需要有调整的余地，如同撤回的拳头酝酿着力量，在实际学习中才会发挥它的作用。

再有，计划是一种预见性的安排，它会帮助学生对即将进行的活动有充分的准备，包括时间、物质和心理的准备，这些准备会给学生带来更多的自由和主动。相反，如果学生完全依兴致所至，想起一样做一样，碰到一件干一件，应付一时还勉强，但如果活动较多、时间较长，往往会丢三落四、手忙脚乱，十分被动。所以真正地自由、主动并不是来自盲目、随意，而是来自条理有序。

## 二、学习计划

（一）对每位同学而言，要想学习好，就必须制订一个切实可行的学习计划，并坚持执行

第一，目标要明确、适当。因为每位同学的基础各异，接受新知识的能力不同，所以选择目标一定要切合自己的学习实际，要正

确估计自己的知识和能力、估计能够自己支配的时间，了解自己学习上的缺欠和漏洞。目标既不能定得过高，也不能过低，"跳一跳就能摘到果子"，便是最佳目标。

第二，要合理安排常规学习时间和自由学习时间。常规学习时间主要是用来完成老师当天布置的学习任务，消化当天所学的新知识。自由学习时间是指完成老师布置的学习任务后归自己支配的时间，这一时间可用来预习、复习功课，查缺补漏和进行课外阅读、训练等。

第三，计划要全面，要符合素质教育的基本要求。中学生不能成天只讲读书，智育只是人追求全面发展的一个方面，除此，还有德、体、美、劳等。因此，在制订计划时还要安排锻炼身体的时间、娱乐的时间以及充足的睡眠时间等。

第四，要做到"长计划，短安排"。在一段较长时间内应当有个大致安排，每星期、每天干什么，也应有个具体计划，长远计划可以使具体计划有明确的实现目标；短安排，则可以使长计划的任务逐步落实。

第五，计划要留有余地，不要定得太死、太满、太紧，要留出机动时间，可作必要的补充和安排。

另外，需提醒同学们的是，学习计划不是制订给老师或家长看的，更不是用来装潢门面的，而是指导自己学习行为的准则。计划一旦制订，就要严格执行。计划执行一段时间后，一定要检查计划内的任务是否完成，没有完成计划的原因是什么……通过检查，立即采取相应措施，调整补充计划或排除干扰计划执行的因素等。

（二）复习计划

学习不是一朝一夕的事，古人寒窗十载，才得以有金榜题名的荣耀，现在虽说废除了八股取士，在入大学之前同样有十几年的书要读，读这么长时间书，计划显然必不可少，"宜未雨而绸缪，忌临渴而掘井"。

1. 学习是温故而知新的过程，所以作计划自然也分学习计划与复习计划两种。首先说一下如何制订学习计划。由于针对高考，所以暂只就高中而谈。从新生入学开始，就应当有明确的目标，考大学，考什么大学，高考中考到什么程度，这是学习计划的第一条：终极目标。然后就是根据这一目标制订远近期计划。

（1）从长期看，一个学期、一个学年都可，但一般以一学期为宜。计划的内容可以包括以下两个方面：①打算考到的名次，包括保位名次或超出几个名次；②对总分及各科分数的阶段性要求。这就使你在短期内有了目标，在每次小测验、单元考中向所定的目标靠拢，但切记目标不可定得太高，否则结果如果离目标太远会十分打击自信心。

（2）从短期看，作出一周至一天的计划来，可以使自己对学过的东西有一个更好的掌握。对于一周的计划，每周可以有 1~2 个重点科目，如果你对知识的渴望超过对升学的热衷，计划中的自由时间可以多一些，反之可以少一些。对于一天的计划来说，要注意对老师所讲内容消化时间的安排，并留出适当的时间以备调整。对于新生来说，全面掌握是十分重要的。总之，远期与近期计划都应符合自身情况，并要结合学习情况进行调整，才能达到它的效果。

2. 针对考生的复习

首先，计划书中要有充足的时间留给基础知识，无论哪一科，基础知识往往被学生忽视，实际上，这才是高分的基石，必须踏实。

其次，考试题型训练，熟悉考试，消除手生的感觉，做到熟练解题。

第三，留出时间放松心情，这对考前的学生来说必不可少，很多考生就是在冲刺阶段搞坏了身体，以致无法正常发挥的。最后，在临近考试时，回顾基础知识与历届考题应是计划的主要内容，这时计划不要过紧，养足精神备考。

## 三、事例

### 鲁迅珍惜时间的故事

鲁迅的成功，有一个重要的秘诀，就是珍惜时间。鲁迅12岁在绍兴城读私塾的时候，父亲正患着重病，两个弟弟年纪尚幼，鲁迅不仅经常上当铺，跑药店，还得帮助母亲做家务；为免影响学业，他必须作好精确的时间安排。

此后，鲁迅几乎每天都在挤时间。他说过："时间，就像海绵里的水，只要你挤，总是有的。"鲁迅读书的兴趣十分广泛，又喜欢写作，他对于民间艺术，特别是传说、绘画，也深切爱好；正因为他广泛涉猎，多方面学习，所以时间对他来说，实在非常重要。他一生多病，工作条件和生活环境都不好，但他每天都要工作到深夜才肯罢休。

在鲁迅的眼中，时间就如同生命。"美国人说，时间就是金钱。但我想：时间就是性命。倘若无端的空耗别人的时间，其实是无异于谋财害命的。"因此，鲁迅最讨厌那些"成天东家跑跑，西家坐坐，说长道短"的人，在他忙于工作的时候，如果有人来找他聊天或闲扯，即使是很要好的朋友，他也会毫不客气地对人家说："唉，你又来了，就没有别的事好做吗？"

## 第六节　有张有弛地学习

## 一、劳逸结合

现在学习竞争压力越来越大，学生身上肩负的担子重，长期下来易产生学习疲劳，最后导致学习记忆不清，理解不透，不会灵活运用，更缺少创新。如何放松与学习结合，追求劳逸结合，并达到高效学习，已成为学生、家长还有老师关注的话题。

（一）劳逸结合的含义

逸：原指安乐；安闲。这里指休息。工作和休息相结合。指既要积极工作；又要适当休息。

（二）如何劳逸结合

1. 要保证孩子的充足睡眠

许多孩子不顾白天紧张学习的大量消耗，晚上还贪求灯下用功，家长看在眼里，以为这是孩子在用心学习，其实，一直看书到深夜，不仅会因为过度疲劳而影响学习效果，还会因为睡眠不足而影响第二天的学习，第二天整天都会昏昏沉沉，学习效率低下。所以，一定要保证孩子每天八小时的睡眠，休息好了，才能更好地利用第二天的时间。

2. 要减少孩子的心理压力

现在的孩子，受到来自家长、老师、学校的多重压力，稍微成绩不好了，就会受到责备，使他们整天在紧张焦虑的状态下度过。

这样不仅直接影响到他们的心理状态，还会使他们的注意力下降，导致学习效率下降，对学习产生畏惧感。所以，即使孩子成绩下降了也不要责备他们，要多鼓励孩子，与孩子一起想办法，找到成绩下降的原因，与他们一起改进。

3. 创造良好的学习环境

不良的学习环境也会影响孩子的学习效率，比如光线不足或过亮都会导致孩子视觉疲劳，噪声过大会分散孩子的注意力，室温过高或过低，也会使孩子感到不适。所以，应该尽量营造安静、轻松的学习环境，以便孩子能够更好地学习。

4. 科学用脑，文理交替

孩子在学习过程中，可以变换学习的内容，一方面可以增加学习的趣味性，另一方面，也可以更加科学用脑，使大脑皮层的各区域轮换休息。安排科目时，文科、理科要交叉安排，相近的学习内容不要集中在一起学习，背完英语后一般不要背语文，而要安排做数、理、化题目，这样学习效果会好一些。

5. 学会放松

学习一定的时间之后，可以出去锻炼一会儿，再回来学习。锻炼的方式如散步、打球或轻微的体力劳动等，也可以与他人聊天。在室内也可以做一些简单的体育活动，比如身体前后弯曲，用力伸腿、伸臂；慢慢做几次头绕圈的动作；深吸气，然后慢慢地呼气；两手臂下垂，做几次抖手的动作；离开座位，走动走动等等。

6. 好钢用在刀刃上

最好的时间应该用来学习，而不是做其他事情。休息、打球、做家务等消耗的时间不能够算浪费时间，但如果孩子学习的黄金时间在上午，而却在整个上午做一些洗衣服、打扫房间等杂事，中午、下午才来学习的话，这就不能不说是一种浪费了。很多事不能不做，但要放在合适的时候做，黄金时间应该用在学习上，这才是正确的选择。

积极向上、乐观、愉快的情绪能加速消除疲劳，因此在休息时间听一些优美的音乐，可以振奋孩子的情绪，产生轻松愉快的感觉。

（三）劳逸结合的具体方法

1. 掌握好学习和休息的时间比例

学习和休息的时间要有一定的比例。休息时间太短，则达不到休息的作用；休息的时间过长，则会破坏学习的连续性。而学习时间太长，将不能保持很好的注意力，降低了学习效率；学习的时间太短，则不能立刻进入学习状态，并且不能保证学习的完整性。心理学的研究表明，通常情况下学习与休息的时间比为 4∶1 时效果最好。根据儿童注意力集中的时间为 30 分钟左右这一点，可以得到每学习 40 分钟休息 10 分钟最为合适。

另外，在连续学习和休息两到三次后，要有一个较长时间的休息，这有助于学习效率的提高。运动员的训练也有类似的特点，在经过几次短的休息后，要进行一次较长时间的休息，这样运动员的体力才能得到充分的恢复，进而更好地完成下面的训练专案，从而提高训练成绩。

2. 固定学习和体息的时间

应该把学习和休息的时间固定下来，这样做的目的是形成条件反射。一旦形成了条件反射，每到学习时间，孩子会不自觉地将身体的各部分功能调整到易于学习的状态，休息时则会完全放松下来。固定学习和休息时间也有利于孩子安排学习内容，做好学习计划。有计划、有目的地学习，远比无计划、盲目地学习效果好。

### 3. 休息时注意脑体结合

人脑有大脑和小脑两个主要部分,一般情况下大脑负责记忆、思考等活动,小脑则负责运动。在长时间进行学习时,大脑已经感到疲惫,这时若再进行智力方面的活动就不合适了,会加重大脑的负担。但此时如果进行一些体育活动,就能让大脑得到休息,同时体育活动会增加血液中氧的含量,让大脑获得更多的氧,也给了大脑补充氧分的时间。因而在孩子休息时,家长要让孩子进行一些体育活动,最好到室外进行,因为人长时间在室内,而室内的空气不好,到室外活动可以吸入室外的新鲜空气,同时也能让室内的空气有所流通。

### 4. 利用生物钟

生命是有规律的,这是一个客观规律,违反客观规律会受到客观规律的惩罚。家长要注意掌握孩子的生物钟,按照几个高潮期和低潮期出现的时间安排孩子的学习与休息。但要注意,当孩子的生物钟与我们的日常活动不相符合时,要及时进行调整。例如,有的孩子到了晚上 11 时后才进入学习状态,也就是我们常说的"夜猫子",如果不及时进行调整,孩子会因晚上得不到充分的休息而影响白天的学校生活,得不偿失。对待这样的孩子,在调整时要耐心、细心,一步步来,逐渐将孩子晚上的休息时间往前提,同时改变孩子在 17 – 21 时的活动内容。一般"夜猫子"型的孩子在早上有睡懒觉的习惯,逐渐地将孩子早晨起床的时间往前提,保证孩子的午休,经过一段时间之后,就可以改变孩子的生物钟。

### (四) 劳逸结合的作用

### 1. 劳逸结合有利于孩子提高学习效率

脑是全身新陈代谢最活跃的器官,对氧的需求量很大,约占全身氧消耗量的1/4。当人们从事艰苦的紧张而又繁重的脑力劳动时,大脑皮层处于高度兴奋状态,对氧的需求量剧增。长时间的用脑,会使全身血液循环减慢,流经大脑的血量减少,引起暂时的"脑贫血",致使大脑疲劳。这时,生理上表现为感觉迟钝,动作不协调、不准确,肌肉痉挛麻木等;心理上表现为注意力不集中、思维迟钝、反应速度降低、记忆力下降等症状,长期下去,就有可能导致患神经衰弱症;可见,只有按照大脑活动规律,合理科学地使用大脑,才能提高学习效率,而科学使用大脑的最佳方法是劳逸结合。

从生理学上来说,大脑活动的基本规律是兴奋与抑制的转换。因此,要注意学习与休息的交替。合理地安排学习、劳动、课外活动和休息的时间,能调节大脑各个区域和谐的活动,使工作、学习效率提高。所以家长在家辅导孩子学习时,要注意劳逸结合。

2. 劳逸结合有利于孩子稳定情绪

孩子大脑疲劳过度的突出表现是情绪的躁动、忧虑、厌烦、怠倦,甚至感到无聊;产生不良心境、厌学等。

情绪是客观事物是否符合人的需要与愿望而产生的体验。情绪具有两极性,表现在积极的增力作用和消极的减力作用上。积极的增力性情绪能提高人们的活动能力。

愉快的学习情绪能鼓舞孩子坚持进行学习活动,甚至于忘我进行拼搏。然而,这种拼搏一旦过度,引起大脑疲劳,就会出现消极的作用。而消极的减力性情绪则会降低学习活动能力,降低学习效果,并且有害于健康。当孩子在学习过程中出现过度紧张状态时,家长应引导孩子进行一些其他的活动来转移情绪指向,使紧张的情绪松弛稳定,逐渐恢复良好愉悦的心境,然后再重新学习。

还有一种通过内部"调剂"使大脑局部得到休息的方法,即交替使用左半脑和右半脑,适当转换兴奋中心,使大脑局部能通过交替使用而得到有节奏的休息,从而缓解紧张情绪。如做数学习题累了,就读读语文;看书疲劳了,就听听乐曲。

3. 劳逸结合有利于孩子增强记忆力

学习作为智力活动,必须以良好的记忆力为基础。有的孩子由于用脑过度,违背记忆规律,结果事与愿违。学习时间持续太长,就会抑制记忆,造成遗忘,反而得不偿失。所以家长在辅导孩子学习时,要注意利用记忆规律,保证孩子有清醒的头脑进行记忆活动。还要注意记忆方法上的多样化,记忆方法得当,不但可以提高记忆效率,而且可以节省脑力,延缓脑力疲劳的发生。

## 二、考生疲劳

(一)考生疲劳形成原因:

1. 睡眠不足

许多考生不顾白天紧张学习的大量消耗,贪求灯下用功,往往看书到深夜,以至睡眠不足,打乱了人体正常生物节律,终日昏昏沉沉。

2. 学习内容过多过难

学习内容过多,一定会占用休息时间,导致睡眠时间缩短;学习内容过深,需要大脑进行紧张的思维活动,致使大脑疲劳。另外,过难的内容也会影响到考生的复习兴趣,加速疲劳的形成。

3. 心理压力过大

由于来自社会、学校、家长和自身的压力过大,考生总是担心考不好怎么办? 整天在焦虑的状态下度过。这样不仅直接影响到考生的休息,而且会使精力不能集中,导致学习效率下降,不能完成学习计划,反过来加重考生的心理压力,使考生更容易产生疲劳。

4.学习方法不当

考生平时不注意科学用脑,学习方法一成不变,使大脑受到抑制,也容易出现疲劳。

5.营养不合理

考生不注意饮食,导致大脑缺乏所必需营养物质,造成大脑疲劳。

6.不良的学习环境

光线不足或过亮导致视觉疲劳,噪声过大,使考生注意力分散,室温过高或过低,使考生身体感到不适。

(二)科学用脑

疲劳预防的最佳方法是保证充足休息时间,但是它不是最有效的。由于考前学习任务重,考生不得不延长学习时间。预防疲劳最重要的是讲究用脑艺术,做到科学用脑。

1.用脑原理

(1)人的大脑有左、右两个半球,左半球负责数、理、化等逻辑方面知识;右半球则负责绘画、音乐等创造性方面的内容。

(2)大脑皮层上还细分为听觉区、视觉区、写作区等各个语言中枢。

(3)一定的心理活动总是发生在大脑的某个特定部位,而与此无关的皮层区域则处于相对静止状态,当某一种单一活动强度过大或时间过长,就会引起该区域皮层疲劳。

2.科学用脑

考生在学习过程中,要善于变换学习的内容或使内容丰富化。应避免单科学习时间过长,要使各科交叉安排复习。这样可以使大脑皮层各区域轮换休息。

(三) 如何预防疲劳

1. 学会休息

休息可分为安静休息、活动休息和交替休息。安静休息是指睡眠和闭目养神。活动休息也称积极性休息，如散步、打球和轻微的体力劳动等，也可以与他人聊天。

交替式休息是指将各种不同性质的学科交叉在一起来学习，如文、理社会性穿插复习，这样，大脑皮层的神经细胞不仅不会疲劳，而且还会有相互促进的作用。

2. 合理安排学习内容

考生把每天要复习的内容按难易程度有意穿插开，复习一些有难度的内容，接着复习些相对容易的内容。

3. 改善学习环境

考生在选择环境时，光线不能妨碍视力，学习场所要安静、整洁，桌椅要舒适等。

4. 合理的营养调配

多吃蔬菜水果，补充维生素。

5. 音乐疗法

在消除疲劳过程中，情绪因素很重要。积极向上、乐观、愉快的情绪能加速消除疲劳。优美的音乐能振奋考生情绪，引起轻松愉快的感觉。考生在学习间隙或学习之后，可以通过听音乐来达到消除疲劳的目的。但是，所听音乐必须是没有歌词的。音乐中如有文字的话，文字信息将进入大脑，影响大脑的休息。另外要注意的是，考生在听音乐时，不能边听边想其他的事，必须陶醉于音乐中，这样考生才能完全放松，使疲劳得到彻底的消除。

（四）考生疲劳的消除

1. 单侧体操法

由于人脑左右两半球在功能上显著不同,考生在学习时,一般左半球的生理负荷要比右半球重。科学研究证明,单侧半侧的体操锻炼可以消除对侧半球的疲劳。具体方法:

（1）站立并目视前方,右手紧握拳,右腕用力,屈臂,慢慢上举到最大限度,还原,重复 8 次。

（2）右腿伸直上举,然后倒向右侧,但不能挨地,还原重复 8 次。

（3）右臂向右侧平举后再上举,头不能动,然后左臂上举,平举还原,重复 8 次。

（4）跷起脚尖,像俯卧撑那样用腕和脚尖支撑重复 8 次。

2. 疲劳防治操

由于考生复习过程中最普遍的姿势是坐姿,由于身体前倾,呼吸肤浅,肺活量减少,物质代谢功能也随之下降,从而形成疲劳。考生如果做一下疲劳防治操,则可以在短时间内消除疲劳。具体方法:

A. 做些挺胸直背的动作,同时用手臂绕圈。

B. 身体后屈,伸腿、臂,伸直用力摆几次。

C. 慢慢地做几次头绕圈的动作,然后轻轻按摩颈肌、肩胛肌。

D. 深吸气,然后慢慢地呼气。

E. 两手臂下垂,做几次手的动作,松紧手指,两手腕放松抖动。

F. 离开座位,走动走动。


# 三、事例


杜甫借酒劳逸结合

他喝酒时,有时是独酌。如在苏州当刺史时,因公务繁忙,用酒来排遣,他是以一天酒醉来解除九天辛劳的。他说:不要轻视一天的酒醉,这是为消除九天的疲劳。如果没有九天的疲劳,怎么能治好州里我人民。如果没有一天的酒醉,怎么能娱乐我的身心。他是用酒来进行劳逸结合的。

更多的是同朋友合饮。他在《同李十一醉忆元九》一诗中说:"花时同醉破春愁,醉折花枝当酒筹。"在《赠元稹》一诗中说:"花下鞍马游,雪中杯酒欢"。在《与梦得沽酒闲饮且约后期》一诗中说:"共把十千沽一斗,相看七十欠三年"。在《同李十一醉忆元九》一诗中说:"绿蚁新醅酒,红泥小火炉。晚来天欲雪,能饮一杯无?"如此等等,不一而足。

## 第七节　把握现在不要拖延

### 一、时间就是生命

时间就是生命,无端地空耗别人的时间,其实是无异于谋财害命的。

——鲁迅

时间就是生命。这句话运用了暗喻的修辞,暗喻是比喻的一种。把时间比作生命,说明时间的有限与短暂。

历数古今中外一切有大建树者,无一不惜时如金。古书《淮南子》有云:"圣人不贵尺之璧,而重寸之阴。"汉乐府《长歌行》有这样的诗句："百川东到海,何时复西归? 少壮不努力,老大徒伤悲。"晋朝陶渊明也有惜时诗:"盛年不重来,一日难再晨,及时当勉励,岁月不待人。"唐末王贞白《白鹿洞》诗中更有"一寸光阴一寸金"的妙喻。法国作家巴尔扎克把时间比作资本。德国诗人歌德把时间看成是自己的财产。鲁迅先生对时间的认识更深刻。他说:"时间就是生命。无端地空耗别人的时间,其实无异于谋财害命。"法拉第中年以后,为了节省时间,把整个身心都用在科学创造上,严格控制自己,拒绝参加一切与科学无关的活动,甚至辞去皇家学院主席的职务。居里夫人为了不使来访者拖延拜访的时间,会客室里从来不放坐椅。76 岁的爱因斯坦病倒了,有位老朋友问他想要什么东西,他说,我只希望还有若干小时的时间,让我把一些稿子整理好。

每个人一出生就是永远走动的时钟,在一天天的成长中,他的生命则一天天地消耗。因此,达尔文说:"我从来不认为半小时是微不足道的一段时间。"

时间,你不开拓它,它就悄悄地生出青苔,爬上你生命的庭院,把你的一生掩埋。时间就是生命,在人生的旅途中没有什么比珍惜时间更重要的了。时间如流水一去不复返,在以前的时候我们曾与时间擦肩而过,没有更好地把握住时间,让它从我们的身边悄悄地溜走了。往往我们失去了它才感到珍贵,浪费别人的时间就是谋财害命,浪费自己的时间就是慢性自杀。

有人说:"抛弃时间的人,时间也会抛弃他。"而我却觉得:抛弃了今天的人,今天也会抛弃他,而被今天抛弃的人也就没有了明天。我们要珍惜今天的每分每秒,抓紧时间学习,虚度光阴是折损生命的光,及时努力是开辟理想的路。朋友,不要再沉溺昨天,不要再观望明天,一切从现在开始,从今天开始,珍惜今天就是奋斗的起点!

惜时如金,时间就是生命。

## 二、今日事今日毕

许多同学有把今天的事情拖到明天去办的习惯,并且还要千方百计地找理由来安慰自己。可是你知道吗? 要想有时间,就必须抓住每一分、每一秒,不让每天虚度。向往明天、等待明天而放弃今天的人,就等于失去了明天,结果还是一事无成。而把握今天的秘诀是"今天的事情今天做"。

古今中外的伟大人物无一例外地不是抓住一个个稍纵即逝的"现在",立足"今天"、运筹"今天"。

只争朝夕,抓住今日,兼程而进,这就是非凡成功者的用时精神,也是他们的成功所在! 每个中学生都应该牢记大剧作家莎士比亚的话:时间给勤奋者以智慧,给懒汉以悔恨。

放弃时间的人,时间也会放弃他。没有一种不幸可以与失去时间相比。我们中学生应该避免这种不幸。

凡事都习惯推到明天再干的人,将永远没有明天。

在伏尔泰的作品中曾经提到过一个谜语:"世界上有一样东西,它是最长的也是最短的,它是最快的也是最慢的,它最不受重视但却又最受惋惜;没有它,什么事也无法完成,这样的东西可以使你渺小的消灭,也可以使你伟大的永续不绝。"

你想到这样唯一的东西是什么了吗? 没错,它就是时间。

在"钟表王国"瑞士温特图尔钟表博物馆内的一些古钟上,刻着这样一句富有哲理的词句:"如果你跟得上时间的步伐,你就不会默默无闻。"

翻开人类科技发展史,就可以发现,人类的种种发明创造,都是为了节省时间。火车代替马车,电视取代影剧院,计算机、激光的出现,无一不是为了节省时间、争取时间、赢得时间。

学习是在时间中进行的。无可置疑,谁能拥有更多的时间,谁就能获得更多的知识。长久以来,人们一直在探索怎样勒住时间的缰绳,以增强自己利用时间的能力。掌握一些高效利用时间的方法,如优化事序、最佳安排、排除干扰等方法能使你的有效学习时间比别人多很多倍。

## 三、把握现在的具体方法

(一)善于利用时间

在学习中,你不仅要懂得珍惜时间,更要学会运筹时间,使自己在最短的时间内,得到最大的学习效果。

(二)合理分配精力

在学习中,你必须分清主次,合理地分配自己的精力,从而使自己在繁重的学习中保持清醒的头脑,用有限的精力来帮助自己取得尽可能高的学习效率。

(三)学会排除干扰

在学习中,来自外界和自身的一些干扰都会影响你的学习效率,你必须要学会排除和隔离这些学习中的消极因素,将它们的负面效应降到最低。

(四)学习要有选择

真正懂得利用时间的人,是不会把一切东西都往脑子里塞的。

1. 外部因素

例如,是否符合社会的需要? 是否特别急需? 这门学科的发展趋势如何？1937 年，英国著名的卡文迪许实验室主任布拉格作了一项重大决策——抛开该室长期取得成就的理论物理学，改为研究无线电探测太空和血红蛋白两个课题，这一决策受到众人的反对。但布拉格力排众议，做出决定，从而使得卡文迪许实验室后来成为射电天文学和分子生物学的发源地，还培养了一批杰出的科学家，其中不少人获得诺贝尔奖。这个事例说明了解学科发展趋势，及时选定方向是何等重要。

2. 内部因素

它包括性格、兴趣、智力、才能等。遗传学中有一种理论，即正常人的中等智力通常由 1 对主基因所决定，另有 5 对次要的修饰基因，它决定着人的特殊天赋，起着降低或升高智力的作用。一般这 5 对次要基因中，总有一两对是好的，因此，正常的人总在特定方面有良好的天赋和素质，具有自己的优势。

（五）把握重点

学习时间是有限的，但学习内容却是无限的，所以要学会选择，把握重点，不要平均使用力量。所谓重点，一是指自己学习中的弱科，二是指各学科中的重点内容。重点确定以后，必要时还可以根据本身的系统性，将重点内容再细分为几个专题，在兼顾其他各学科学习的同时，集中一个月或几周的课余时间去攻一个专题，解决一个专题以后，再集中一段时间专攻第二个专题、第三个专题……这种各个击破，集中力量打歼灭战的学习方式，无论对于补差或是提高，都是行之有效的方法。

（六）抛掉过去的烦恼

无论过去损失了多少时间，经历了多少次失败，都要统统忘记，心中仅存一个念头，那就是："从现在开始。"过去的事情永不会再来，不要让它们干扰你的现在。

（七）清除所有阻碍行动的理由

如果你决定今晚就行动，就不要在乎是否停电，是否有其他诱人的事情，是否午间没息好等，这些今晚的理由同样会在明天出现，要想立刻行动就必须剔除这些理由。

## 四、事例

李洋在老师和家长眼里，绝对是一个听话的好孩子，学习成绩也很优异。本来他是一个爱说爱笑的学生，但是最近他总是愁眉苦脸的，满怀心事，而且老说一些使自己泄气的话，比如"唉，我怎么这么没用啊""累死了，真不想学习了，没意思！"

班主任林老师发现了这个问题，便把李洋叫到办公室，仔细询问。

李洋一副苦恼的样子，他说："我一直很爱学习的，我有自己的理想和目标，这学期开始，我制订了详细的计划，包括各门功课应该实现什么样的目标，在班上争取什么样的位置。为了实现这些，每天在什么时候、要做什么事都做了明确的规定。而且我还分科独立制定目标，一门功课一张表。但是令我苦恼的是，这个计划仅仅执行了一周。第二周便不能执行了。有时是忘记了这个时间该做的事情，干脆下面的也不想做了；有时候感觉很累，什么也不想做，就对自己说明天再做吧，到了第二天又没做……我应该怎么办呢？"

林老师听了点点头，说："别着急，老师帮你分析分析。"

李洋的计划是制订好了，但执行不到一周就出毛病了：今天打了半天篮球，特别累，休息一下明天晚上学习；到了明天晚上，有足球赛，算了，明天晚上吧……这样不知道过了几个"明天晚上"，结果是计划一点都没执行。

我们每一个同学的脑海里可能都藏着一个或数个早就应该付诸行动的想法。你的想法也许是写一篇文章,或是早起锻炼身体,或是成绩提高 10 分等。每一个人总想追求完美,怀有不断改进自我的希望,可是像李洋一样的同学也是不少的。

我们来看一下李洋的计划究竟有什么问题:

1. 计划太完善了。计划完善了也不好吗?是的,如果你的计划太完善,内容、时间都规定得很具体,一环扣一环,那么一个环节出现了问题,所有的行动就全部实现不了了。所以订计划时,一定要留有余地,要有能够机动的时间。

2. 造成计划实行不了的另一个原因,就是制订计划时没有结合实际情况。没有考虑到自己的能力,没有考虑到环境的要求。李洋的计划中也存在这个问题,他把目标定得太高了而且根本不考虑每天上课的时间和安排。

除了前面两点是客观方面的原因外,更重要的是一些主观方面的问题。这些主观问题是:

3. 懒惰而贪于安逸。他们根本不在乎能否实现一个想法,只要享受今生,一直到"老大徒伤悲"时,才会感叹自己"少壮不努力"。

4. 做事犹豫不决,迟迟未见行动,一再拖延。他们老是说:"等一等,等我准备好了就一定开始。"但是,准备又准备,从未就绪。时不我待,失去时机,你就永远无法成功。

5. 意志薄弱者时时受到玩乐的干扰,为了一时快乐,而放弃已经确立的目标。他们常常为自己的耽误时间而后悔,又不能及时约束自己,到头来一事无成。

6. 安慰自己,寻找借口:"这种方法不错,可不适合我。""我已发誓早起多次了,可就是做不到,看来我的天性不适合早起。""我一看书就困,试过多次了,看来,我与别人不同。不适合晚上看书。"这些理由看似合理,实则都是自欺欺人。

其实,像李洋同学这样的问题解决起来十分简单:采取行动,而且现在就开始。任何借口都是多余的,都是心不诚的表现。成功之计在于立刻采取行动。

# 第三章 教育学与学习效率(上)

## 第一节 培养学生有效运用学习策略

### 一、教材编排

(一)教材编排修订要注意新旧教材的继承性

辩证唯物主义认为:否定是发展的环节,否定又是连接的环节,作为发展与联系环节之统一的辩证的否定是扬弃,是既克服又保留。按照辩证唯物主义的否定观,现行教材建设与编写,要在批判中继承,既克服又保留,不能一味地否定。

可是,现行教材的建设与编写却恰恰存在一味否定的现象,没有在批判中继承,没有做到既克服又保留。其实现行教材的编写应该注意新旧教材的继承性。

案例1.

《最大公因数》是北师大版(2007-2008学年度使用教材)五年级上册数学第三单元的教学内容。教材安排用"排列法"来列举几个数的因数,从中找出几个数的公因数和最大公因数,这是基本的学习方

法。有它优势的一面,但也有它的弊端,主要表现在以下两点:

1. 不论是求两个数,还是两个以上的数的最大公因数,用"排列法"列举因数,然后从中找出公因数和最大公因数,不但麻烦,而且还要耗费一定的时间。

2. 两个或两个以上的数,如果它们因数的个数较多时,列举因数容易遗漏,进而容易产生错误。

在当今快捷、高效、创新的时代,倡导"又好又快"地发展。因此,作为解题的方法,也应该快捷、高效、求异。在学生掌握基本的方法之后,应该培养学生的求异思维,从中选择快捷、高效、求异的方法。

根据上述理由,对《最大公因数》的教材编写提出如下3点建议:第一,保留求几个数的《最大公因数》的基本方法——"排列法"。第二,将"短除法"写入教材(因为短除法有快捷、高效的优点)。第三,再介绍、了解用分解质因数的方法,求几个数的最大公因数。

教材建设要在批判中有继承,在继承中也有批判。

(二)教材编排修订要注意基础知识的全面性

唯物辩证法认为:要用联系的、全面的观点看待问题;而孤立的、片面的观点看待问题是形而上学的根本观点。

新课程改革,用新的方法解决问题是好思路,但是不能因为用新方法去解决问题,就忽视了知识点的全面性,这样不能辩证地看待问题,带有看待问题的片面性。教材编排要注意知识点的全面性。

案例2.

义务教育课程标准实验教科书,四年级数学下册(北师大版2006 –2007学年度使用教材),第七单元——认识方程。《教师教学用书》中建议四点单元教学目标,其中的一点目标是——会用等式的性质解简单的方程。在实际的教学中,我们遇到了教材的知识点带有片面性。

因为教材根据课标的要求,要用等式的性质解简单的方程,这种方法固然很好。但是,倘若在方程中出现除数和减数是未知数(如 $18 \div x = 6$? 或 $24 - y = 9$),利用"等式的性质解此类简单的方程",不但没使方程简单化,反而还会增加解方程的难度。因此,此类方程,在教材中未曾出现,教材中出现的解方程的例题和练习带也有片面性。

建议:对于解简单的方程,还是运用"和、差、积、商及各部分的关系"作为解方程的根据。这样教学,既可以巩固"和、差、积、商及各部分的关系",对于出现除数和减数是未知数的方程(如 $24 \div x = 3$? 或 $34 - y = 21$),也可以迎刃而解。教材中也可以全面出现各种类型的简易方程,避免例题、练习的片面性。

(三)教材编排修订要注意概念表述的严密性

严密、简洁是数学概念的特点。教材编排修订,一定要注意概念的严密性,否则将严重影响学生逻辑思维。

案例 3.

《三角形的面积》、《梯形的面积》是(北师大版 2007 - 2008 学年度使用教材)五年级数学上册第二单元"图形的面积"——探索活动(二)和探索活动(三)的教学内容。教材中利用"图形转化"来引导学生推导出三角形和梯形的面积,这是一种很好的做法。

但是仔细、认真惴摩,发现教材中有两处概念表述不严密。①教材"两个相同三角形可以拼成一个平行四边形";②教材"两个相同的梯形可以拼成一个平行四边形"。

▲四点探讨:

①试想,两个面积相同,形状不一样的三角形,就不能拼成一个平行四边形;反之,两个形状相同,但面积不一样的三角形,也不能拼成一个平行四边形。

②试想,两个面积相同,形状不一样的梯形,同样不能拼成一个平行四边形;反之,两个形状相同,但面积不一样的梯形,也不能拼成一个平行四边形。

③应该是"两个完全一样的三角形,可以拼成一个平行四边形";"两个完全一样的梯形,可以拼成一个平行四边形"

④完全一样应该就是"面积相同,形状一样"。也只有"面积相同,形状一样"的两个三角形(或梯形)才能拼成一个平行四边形。

▲两点建议:

①把"两个相同的三角形可以拼成一个平行四边形"改为"两个完全一样的三角形可以拼成一个平行四边形"。

②把"两个相同的梯形可以拼成一个平行四边形"改为"两个完全一样的梯形可以拼成一个平行四边形"。

这样,概念的表述就严密了。

(四)教材编排修订要注意例题练习的深浅性

《教育学》认为:学生的认知是一个由表及里、由浅入深、循序渐进的一个认知过程。教材安排的例题和练习,通常情况也应该是由浅入深,由易到难的一个循序渐进的认知过程,让大部分学生(尤其是智力中、下学生)能体验学习成功和乐趣。可在教材的使用过程中,却发现了违背这一认知规律的现象,因此教材修编需要注意例题练习的深浅性。

案例4.

北师大版（2006－2007学年度使用教材）四年级数学下册第七单元"认识方程"的教学目标之一就是"会用方程解决简单的实际问题"。可是教材安排的教学内容"邮票的张数"，所安排的列方程解应用题的例题，对于初学方程的四年级学生来说，并不是"简单的实际问题"而是属于思维性较强的"和倍、差倍"问题，此类问题对于中下智力的学生和广大农村地区的学生而言，就更不是"简单的实际问题"了。

初学方程的四年级学生，一开始用方程解应用题，就要解决类似于"邮票张数"的"和倍、差倍"问题，未免有些过高要求。应该从简单的实际问题入手，让学生从具体思维逐步走向抽象思维，让学生（尤其是智力中下生和广大农村地区的学生）从简单的问题入手，体验到用方程解应用题的成功乐趣，走出从算术解到方程解的认知心理障碍，循序渐进，然后再逐步提高列方程解应用题的难度。

（五）教材编排修订要注意例题编排的生活性

《小学数学课程标准》强调：在教学中，有些概念是十分抽象的，但所反映的内容又是很现实的，它与人们的生活和生产有着十分密切的联系……认识数学知识要与生活的密切联系。教材的例题与有关表述也要根据生活实际进行修编。

案例5.

北师大版（2006－2007学年度使用教材）四年级数学下册教学内容《小数点搬家》，教材安排由"山羊快餐"的3幅情境图引入教学，导出如下结果：

小数点向左移动一位，这个数就缩小到原来的……

教学实践证明,北师大版四年级数学下册教学内容《小数点搬家》,如此安排教学内容存在以下两个弊端。

第一,3 幅教学情境图的数据与生活实际不相符。生活中的快餐每份 4 元属于正常价,根本不存在每份 0.4 元的快餐,甚至更不存在每份 0.04 元的快餐。教学中,问学生为什么每份 4 元的快餐会没有顾客? 因为每份 4 元的快餐,在生活中是正常价,所以学生回答,可能是环境差,可能是饭菜不好吃,或是服务态度不好……学生没想到是 4 元/份快餐太贵,因此教师要引导"快餐 4 元/份太贵,小数点要搬家,变成 0.4 元/份"较为困难。

第二,"小数点向左移动一位,这个数就缩小到原来的……"如此表述不很妥,不符合生活实际,学生不易接受。虽然学生已认识分数,但是,由于四年级没有学习分数乘法,这种说法要写成具体的算式时,学生就困难了;同时,数学教材的语言表述也要符合生活惯例,生活中,"缩小到原来的……"就是表述为"缩小几倍",很少说成"缩小为原来的几分之一"。例如,4 元缩小 10 倍,学生知道用 $4 \div 10 = 0.4$,如果说成 4 元缩小到原来的,按题意要写成算式应该是 $4 \times$,因为学生没有学过分数乘法,所以学生不但不会理解,而且也不会列式,教师还是要引导将式列为 $4 \div 10$。况且教材中练习第 3 题"过河",某数缩小到原来的,还是写成(某数)$\div 10$,如 $36.9 \div 10$。

▲两点建议:

1. 将三幅教学情境图的数据依次改为 40 元、4 元、0.4 元。教学中,快餐 40 元/份太贵,更符合生活实际,生意无人问津,须移动小数点,让价格变小,方便教学引导。

2. 将"小数点向左移动一位,这个数就缩小到原来的"的表述改为生活惯例"小数点向左移动一位,这个数就缩小了 10 倍"。这样安排,方便学生用算式表述,也与练习中的第 3 题的书写形式相吻合,更贴切生活惯例。数学来源于生活,要符合生活惯例。

(六)教材编排修订要注意学生认知的规律性

辩证唯物主义的认识论告诉我们:人的认识是一个从具有到抽象,从现象到本质,由浅入深,由简到繁,逐步深入的渐进过程,总是从不知到知,从知其然到知其所以然。数学教学的过程,实质上也是一个认识的过程,因此,数学教材的编写也必须符合学生认识发展的规律。

教材虽然不是"圣经",但是教材具有示范性,具有引导作用。教材中例题到练习所呈现的解题方法,应该是由"简单到复杂",由"单一方法"到"多种方法"的一个训练过程,解题的方法要符合学生认知的规律性。而不是一个由"复杂到简单"的方法练习过程。

案例 6.

《地毯上的图形面积》是北师大版(2007 - 2008 学年度使用教材)五年级数学上册第二单元《图形的面积(一)》第二小节的教学内容。《教师教学用书》中谈到,教材中的图形,是一种特殊的不规则图形,较为复杂。解决这个问题的方法具有多样性,题型具有开放性。这一教学内容的选择,对培养学生的求异思维,是一个很好的举措。

但是,教材安排《地毯上的图形面积》的例题教学内容与"练一练"中第一题、第二题的搭配欠妥。理由如下:

1. 人的认知规律,一般是由"简单到复杂"的过程。而教材安排则恰恰相反。

《地毯上的图形面积》的例题教学内容的图形,是一种特殊的不规则的图形,较为复杂。而"练一练"中的第一题的图形,虽然属不规则图形,但较为简单;第二题的图形属规则图形,虽然比第一题复杂些,但也不如例题《地毯上的图形面积》的图形复杂。

如此安排,学生从"学到练"的认知过程,却是一个由"复杂到简单"的过程,不利于学生思维的发展。

2. 人们解决问题的办法也是"单一办法(或少办法)到多种办法"的一个过程。例题《地毯上的图形面积》的解决办法是多样性的、开放性的。而"练一练"中的第一题与第二题中的解决办法,却较为简单,开放性不够。如此安排,学生从"学到练"的过程中的解决问题的方法认知,也是由"复杂到简单",由"开放性大到开放性小"的过程,也不利于学生思维的发展,不利于学生"技能与方法"的发展。

▲两点建议:

1. 教学内容安排,应体现由"简单到复杂"的一个认知过程,而不是由"复杂到到简单"的过程。图形的安排也应该由"规则到不规则","由简单到复杂"的一个认知过程。

2. 解决问题的办法,也应该由"学到练"的过程中,由"少发展到多"。这样利于学生"技能与方法"的发展。

这样安排,更符合学生的认知规律,更符合学生思维发展的规律,更利于学生"技能与方法"的发展与提高。

(七)教材编排修订要注意前后知识的联系性

教材编排与修订,把一些难点知识分散是对的,但是过于把有联系的知识点给予分散,不利于学生对知识的形成与巩固。因此教材的编写与修订应该注意知识点的前后联系。

案例7.

《百分数的应用》是北师大版(2008－2009学年使用教材)六年级上册第二单元的教学内容。

这个单元的教学内容是对五年级下期最后一个单元《百分数》的运用、巩固与提高。但是通过教学实践,觉得将《百分数应用》安排在六年级上册第二单元进行教学,实为不妥。理由如下:

五年级下期最后一个单元安排《百分数》的教学,学生学习了百分数的概念,学习了百分数、分数、小数的相互转化,学习了怎样求百分率,学习了较为简单的百分数的乘除应用题。经过一个寒假,学生对《百分数》的知识,肯定会遗忘一些;又再经过六年级上期第一单元《圆》的教学之后,学生对《百分数》的知识,肯定又会遗忘更多。这样对学生学习第二单元《百分数的应用》不利。

建议:将六年级上期第二单元的教学内容《百分数的应用》,调整到第一单元学习,将第一单元《圆》的教学安排在第二单元教学。这样安排,有利于学生更好地学习、掌握和运用百分数的知识。

安排在第一单元教学,既是对五年级下期最后一个单元《百分数》的巩固,又是对《百分数》的运用与提高,更关键的是学生不易遗忘,上下期知识衔接自然,有利于学生对百分数的运用。《圆》这一单元,相对独立,安排在第二单元教学,也无妨。

## 二、教材编排的特点

1. 注重知识的纵向联系,便于形成系统的认知结构。

2. 注意知识的横向联系,做好知识的前后衔接。

3.注意知识的内在联系,利于培养学生的类推能力。

4.概念教学要注意结合学生生活实际。要使学生建立清晰的概念,教师必须注意结合学生生活实际,引导学生通过实例的观察、比较,然后归纳得出。

## 三、学习策略

教会学生学习、教会学生思考已成为近年来世界各国关注的焦点问题。一方面,掌握学习策略已成为衡量学生学会学习、学会思考的根本标志。另一方面,作为指向认知目标的一种心理操作,策略既是儿童问题解决的重要组成部分,同时也是促进儿童认知发展的重要途径。美国儿童心理学家认为,利用规则的发展便可解释儿童认知的发展。Burling – Dubre(1989)发现儿童认知能力的一个主要来源就是使用策略解决问题。因此,根据儿童运用策略的情况来研究认知发展已成为一个颇有影响的研究领域。

(一)学习策略

是指学习者在特定的学习情境里,依据学习内容和主客观条件的变化,对学习方法技巧和学习活动进行调节和控制的一系列执行的过程。

(二)学习策略与学习方法的区别

学习方法是学习者在完成学习任务过程中相对固定的行为模式,如记笔记、不断重复口述、分类和比较等,它是外显的可操作的过程。学习方法与学习任务有关,但与学习者的人格特质等无关,其更多的是学习者对环境的适应。学习策略是学习者对学习方法选择和综合运用的意识和倾向,是学习方法正确发挥作用的必要条件。可见,学习方法是学习策略的基础,没有学习方法或者学习方法缺乏就不可能形成较高水平的学习策略。

学习策略是伴随着学习者的学习过程而发生的一种心理活动,这种心理活动是一种对学习过程的安排,这种安排不是僵死的固定的程序,而是根据影响学习过程的各种因素即时生成的一种不稳定的认知图式,这种图式可以被学习者接受而成为经验,也可以因学习者的忽略而消失。因此,学习策略是指学习者在完成特定学习任务时选择、使用和调控学习程序、规则、方法、技巧、资源等的思维模式,这种模式是影响学习进程的各种因素间相对稳定的联系,其与学习者的特质、学习任务的性质以及学习发生的时空均密切相关,是一个有特定指向的认知场函数。

(三)学习策略的特点

关于学习策略不仅定义不统一,而且正如 RodEllis(1994)指出的,不同的策略定义之间存在明显的分歧:(1)策略究竟是指可视行为,还是指大脑中无法观察到的心理活动,还是兼而有之;(2)策略是指某人学习方法的总体特点,还是指完成某个具体任务所采取的技巧;(3)策略是否在学习者意识(潜意识)范围之内;(4)策略是否对学习的发展产生直接的作用。

学习策略具有以下特点:

(1)可指总的学习思路与方法,也可以指具体的活动或技巧。

(2)可能是外部行为,即外显的操作程序与步骤,如 SQ3R 阅读法;也可能是内部的心理活动,如内隐的思维过程。

(3)对学习的影响,有的是直接影响,例如记忆策略、组织策略;有的是间接影响,如情感策略、社会策略。

(4)对策略的运用,可能意识得到,也可能意识不到。高水平的策略使用者,策略的使用已相当熟练,达到了自动化的水平,对策略使用的意识水平即便不高,但当要求描述策略的内容,特别是当要求他们注意自己的活动时,也能意识到所用的策略;低水平的策略使用者,往往是随机地、盲目地使用,对策略的应用通常处于无意识状态。

(5)策略的应用有水平层次之别。例如同是复述策略,有可能是简单地按次序复述,也可能是选择陌生的或重点的内容复述。

综上所述,我们认为凡是有助于提高学习质量、学习效率的程序、规则,方法、技巧及调控方式均属学习策略范畴。学习策略的应用水平是衡量个体学习能力的重要尺度,是制约学习效果的重要因素之一,是会不会学习的标志。

重视学习策略的科学研究对解决当前教学改革中存在的问题有重要意义。一是可以改进学生的学习,大面积提高学生的学习质量。特别是能促进或改进因学习策略掌握不好或智力发育迟滞学生的学习成效,在一定程度上减小他们学习的困难。二是能更有效地促进教师的教学。教师通过学习策略的教学,可减少教学和训练时间,达到减轻学生学习负担的目的。三是有利于实施素质教育。信息时代,个人对学科知识的掌握是有限的,而掌握获取知识的策略才是至关重要的。

(四)具体的学习策略

1. 抓住课堂活动这一主渠道,调动学生学习积极性,使课堂充分焕发生命的活力。

大纲要求学生具有"为交际初步运用的能力"。交际能力体现在两个方面——吸收信息和传递信息。"听"和"读"是信息的输入,属于吸收信息;"说"和"写"是信息的输入,属于传递信息。毫无疑问,在语言的学习过程中,输入先于输出,输入大于输出,所以学习初期,应首先在"听懂、读懂"上下功夫,然后再将听过和读过的信息和知识用以"加工",在口头和书面表达出来,这就是说和写。

2. 对于学习英语的策略

第一课时以读为主,辅以听及答疑;第二课时以听为主,辅以读、说、写;第三课时以说为主,辅以适当的写;第四课时以写为主,辅以适当的听;通过了语音集中入门教学,学生已初步掌握了字母的拼读及在词中的读音;通过集中识词,帮助学生运用音、形、义整体记忆规律,有意识地记单词,突破了单词识记难关。学生拼读能力增强了,既扩大了记忆容量,又提高了记忆能力,为他们更好地预习、自学增强了信心。学生在预习的基础上来到课堂,可谓有备而来,又加上单元的前两节课大量的读和听即信息的输入为他们更快进入分角色对话创造了有利条件,自然也就加强了口语能力的训练,促使学生更有信心上台表演。老师又尽可能地满足学生的表现欲望和好胜心理,大力激发他们的学习兴趣和热情。

3. 因材施教,具体指导

学生基础知识不同,基本技能熟练程度不同,当然自主学习的能力也不尽相同。因此对他们英语自主学习能力的培养也应该因材施教、具体指导。首先要对全班同学逐个分析,按能力大小排队,根据他们本人的具体情况,选择培养自主学习能力的突破口。

4. 及时鼓励,更好学习

善于鼓励学生是老师的基本素质之一。学生刚开始学英语,好奇心强,这样老师就可以根据学生的猎奇心理和年龄特点,抓住学生的好奇心,鼓励学生大胆开口,增强他们对新知识的有意注意;让他们有意识、有目的地学习英语口语,使学生更好地发展。

(五)不同水平的学生在拥有和使用策略上也有巨大的差异的表现

1. 学习困难的儿童缺乏策略,表现为他们不能抑制不必要的信息输入,不能有效地选择线索,不能适当地利用编码策略以及不能自发地产生解决问题的策略和评价使用策略的效果。

2. 低水平的学习者由于缺少丰富的相关经验,难以获得及使用高级的、复杂的策略,中或高水平的学习者容易获得并容易从高水平的策略受益。

3. 不同水平的学习者不仅在学习策略使用的数量与频率上有差异,特别是质量上也有差异。例如 Lu (1997) 在比较不同水平外语学习者的英语阅读策略时发现,不同水平的学生使用的阅读策略在数量上和质量上均有差异。又如牛卫华、张梅林(1998)的研究发现,优秀生的元认知策略数量上都比学困生多,差异均达到显著差异水平,且两者在解题过程中使用的元认知策略有本质区别。学困生在解题过程中虽也使用一些元认知策略,但主要是对任务难度的自我评价或是指向放弃做题,对解决问题帮助不大;而优秀生的元认知策略则指向问题解决,对问题解决有积极的指导作用。

4. 不同水平学习者使用策略的根本差异在于使用策略的恰当性,即善学者懂得何时何地完成何种任务,使用何种策略最合适。

(六)学习策略训练

1. 训练方法

(1)意识训练。指对策略的了解和对策略价值的认识,但学习者并没有实际应用策略。

(2)短时训练。指学习和运用一种或几种策略于实际任务中。该训练包括给学习者提供关于策略价值的信息,怎样使用以及什么时候使用和如何评价策略的成功使用。

(3)长时训练。长时训练不仅要训练短时训练的上述内容,而且特别注重训练学习者监控和评价自己的操作。

2. 策略训练的三个步骤

一是学习策略及巩固练习;二是自我执行及监控策略的使用;三是了解策略的价值及其使用的范畴。

提出了策略训练的八步骤:

(1)确定学习者的需要和有效的学习时间;

(2)选择良好的学习策略;

(3)整体考虑策略的训练;

(4)考虑动机因素;

(5)实施完整的策略训练;

(6)准备材料和设计活动;

(7)评价策略训练;

(8)矫正策略训练。

(七)学习策略教学可以采用多种多样的教学方式

如发现法、观察法、专门授课法、讨论法、合作学习法和日常教学渗透。无论采用何种教学方法,都应遵循研究者们普遍认可的以下几点:

1. 必须能激发学习策略的认识需要;

2. 选择有效的策略,这些策略可能是相当容易的,也可能是比较

困难的,但是有价值的;

3.能提供学习策略的具体详尽步骤;

4.要依据每种策略选择较多的恰当事例说明其应用的多种可能性,使学生形成概括性的认识;

5.使学习者明确策略的使用条件,能根据具体任务与情景,选用恰当的策略;

6.要求学习者评价策略的有效性,使学习者明确策略为什么有用,为什么使用策略比不使用策略更有效,以激发学习者自觉使用策略的积极性。

通过策略的训练,不仅仅在于掌握策略本身,同时也使学生通过策略的学习,能提高策略意识,能自我总结、反思,乃至生成新的策略。

## 四、事例

囊萤映雪

孙康由于没钱买灯油,晚上不能看书,只能早早睡觉。他觉得让时间这样白白跑掉,非常可惜。一天半夜,他从睡梦中醒来,把头侧向窗户时,发现窗缝里透进一丝光亮。原来,那是大雪映出来的,可以利用它来看书。于是他倦意顿失,立即穿好衣服,取出书籍,来到屋外。宽阔的大地上映出的雪光,比屋里要亮多了。孙康不顾寒冷,立即看起书来,手脚冻僵了,就起身跑一跑,同时搓搓手指。

此后,每逢有雪的晚上,他都不放过这个好机会,孜孜不倦地读书。这种苦学的精神,促使他的学识突飞猛进,成为饱学之士。后来,他当了一个大官。

晋代时,车胤从小好学不倦,但因家境贫困,父亲无法为他提供良好的学习环境。为了维持温饱,没有多余的钱买灯油供他晚上读书。为此,他只能利用这个时间背诵诗文。

夏天的一个晚上,他正在院子里背一篇文章,忽然见许多萤火虫在低空中飞舞。

一闪一闪的光点,在黑暗中显得有些耀眼。他想,如果把许多萤火虫集中在一起,不就成为一盏灯了吗?于是,他去找了一只白绢口袋,随即抓了几十只萤火虫放在里面,再扎住袋口,把它吊起来。虽然不怎么明亮,但可勉强用来看书了。

从此,只要有萤火虫,他就去抓一把来当作灯用。由于他勤学苦练,后来终于做了职位很高的官。

# 提高学习效率的N个法则

的

# N个法则

下

TI GAO N GEFAZE

XUEXIXIAOLVDE

韩雪◎编著

中国出版集团

现代出版社

**图书在版编目(CIP)数据**

提高学习效率的 N 个法则(下)/ 韩雪编著. —北京：现代
出版社，2014.1
ISBN 978-7-5143-2166-1

Ⅰ. ①提… Ⅱ. ①韩… Ⅲ. ①学习效率 – 青年读物
②学习效率 – 少年读物 Ⅳ. ①G442 – 49

中国版本图书馆 CIP 数据核字(2014)第 008679 号

作　　者　韩雪
责任编辑　王敬一
出版发行　现代出版社
通讯地址　北京市安定门外安华里 504 号
邮政编码　100011
电　　话　010 – 64267325 64245264(传真)
网　　址　www.1980xd.com
电子邮箱　xiandai@ cnpitc. com. cn
印　　刷　唐山富达印务有限公司
开　　本　710mm ×1000mm　1/16
印　　张　16
版　　次　2014 年 1 月第 1 版　2023 年 5 月第 3 次印刷
书　　号　ISBN 978-7-5143-2166-1
定　　价　76.00 元(上下册)

# 目 录

## 第三章 教育学与学习效率(下)

## 第四章 心理学与学习效率

# 第三章　教育学与学习效率（下）

## 第二节　强化"三课"活动　培养自主学习习惯

## 一、"三课"活动

### （一）三课的内涵

所谓"三课"就是指课前、课中和课后3个阶段。每个阶段都在第一堂课上清楚讲述，力求每个学生都明白，在以后的教学中就贯彻执行。

首先，课前朗读的习惯。预备铃一响，要求学生把课堂上用的东西，如教科书、课堂练习本、笔等放在桌上做好准备，然后由科代表带领同学们朗读单词或短文等，营造气氛，带领同学进入学习状态。

其次是课中的上课习惯。在上课中，要求学生做到"五动"，也就是听课的习惯——动眼看，动耳听，动嘴说，动手写，动脑想。学生做到了这"五动"，课堂上根本没有人开小差，紧紧跟着老师，围着英语在转。高效率的课堂是学好英语的首要保证阵地。

　　课后的作业从不要求学生做过一张试卷，一道题目，而是根据老师上课的内容，有多少写多少，背多少。上课内容是单词就写单词，是句子就写句子，是对话就写对话，是作文就写作文，但是当天内容必须要背好，第二天上课检查。学生觉得量少，容易完成，久而久之，都不用布置作业，他们自己都知道要做什么。

　　（二）课前预习

　　1. 预习的三个阶段

　　第一阶段：先把教科书通读一遍，在不甚了解的地方做个记号，上课时针对这些疑点提出问题，直到了解为止。

　　第二阶段：研究课本后的问题或习题，将它们解答出来，上课时将答案与老师讲解的正确答案对照。

　　第三阶段：利用参考材料，将没有学过的内容做一番预习。能做到这一步，不仅预习的兴趣会迅速增加，而且预习的功夫也会渐渐达到"炉火纯青"的境界。

　　2. 良好的预习习惯

　　（1）灵活安排预习时间

　　预习时间要在服从学习整体计划的前提下灵活安排。根据每天的空余时间，决定预习的科目及每科的时间，要保障所选择的重点学科。课前预习一般在 20 分钟左右，时间多时预习可以充分点，钻研的深点，闲时可以多搞一点阶段预习和学期预习。

　　（2）预习要持之以恒

　　法国昆虫学家法布尔说："学习这种事不在乎有没有人教你，最重要的是你自己有没有觉悟和恒心。"有的同学经过一段时间的预习后，感到学习成绩并没有明显的提高，就想放弃预习。这是不可取的，因为学习成绩与多种因素相关，只有在搞好预习的同时,要搞好其他学习环节,才能取得满意的结果。

另外,预习的质量也有一个不断提高的过程。因此,预习不能浅尝辄止,持之以恒方能奏效。预习应从课前预习入手,逐步发展到单元预习和学期预习。

通过这些预习可以扭转学习被动的局面,可以使预习与新知识的学习顺利衔接。

(3)预习中要防止两个极端

预习中要防止两个极端:一是预习过粗,流于形式,达不到应有的预习目的。二是预习过细,以至于上课没什么可听的,甚至打乱了整个计划,影响了其他学科,虽然有收效,但时间利用得不经济、效果不好。一般情况下,适度的预习应该是:

重温相关知识,扫清障碍

大致了解新课的内容和思路

找出疑难问题和需要深入研究的问题

总的来说,预习是为了提高听课,加强理解,培养独立思考等自学,而不是用预习代替听课。

(4)要总结出正确的预习方法

对于刚上中学不会预习的来说。切记不要盲目地去预习或者干脆不预习,而要主动向老师或高年级的同学请教,总结一套属于自己的行之有效的预习方法。

(5)要培养预习的

学生不预习的一个重要原因在于对预习内容不感兴趣,如果能培养自己的学习兴趣,久而久之,就会养成主动预习的好习惯。

(6)及时提醒自己预习,进行自我监督每个人都有惰性,如果能经常提醒自己、监督自己,并且长期坚持,就会养成良好的预习习惯。

　　培养积极、主动、自觉的预习习惯，就是在培养自己的自学能力。每个学生都要重视预习习惯的培养，以便于提高自己的听课效率。

　　(7) 克服预习的随意性

　　有些同学也知道要预习，但在预习时只是把书本随便翻翻，这样不但不能收到预习效果，反而会养成马虎的坏习惯。随意性还表现为有时间就预习，没时间就算了。

　　预习是一种习惯性的学习过程学习效率，许多学生认为小学预习并不重要，等上了中学再预习也不晚。其实不然，任何好习惯的养成都要从最初开始抓起，"良好的开始就是的一半"。翻阅一下科学文化界的名人传就会明白，他们所建造的科学文化大厦的根基都无一例外地坐落在上学最初时养成的好习惯上。

　　3. 预习策略

　　(1) 要看、做、思结合

　　看，一般是把新课通读一遍，然后用笔勾划出书上重要的内容，需要查的就查，需要想的就想，需要记的就记。做，在看的过程中需要动手做的准备以及做做本课后的练习题。思，指看的时候要想，做到低头看书，抬头思考，手在写题，脑在思考。预习以后，还要合上书本，小结一下，从而使自己对新教材的"初步加工"有深刻印象。

　　(2) 要妥善安排时间

　　最好前一天晚上预习第二天要上的新课，这样印象较深。新课难度大，就多一些时间，难度小就少一些时间。应选择那些自己学起来吃力，又轮到讲新课的科目进行重点预习，其他的科目大致翻翻即可。某些学科，也可以利用星期天，集中预习下一周要讲的课程，以减轻每天预习的负担。

（3）要明确任务

预习总的任务是先感知教材，初步处理加工，为新课的顺利进行扫清障碍。具体任务，要根据不同科目、不同内容来确定。一般有：①巩固旧概念，查清理解新概念，查不清、理解不透的记下来。②初步理解新课的这部分基本内容是什么？思路如何？在原有结构上向前跨进了多远？③找出书中重点、难点和自己感到费解的地方。④把本课后面的练习尝试性地做一做，不会做可以再预习，也可记下来，等上课时注意听讲或提出。

4．预习要"因科制宜"

（1）预习语文的方法

语文课多是由一篇一篇内容上不关联的文章组成，它的知识的连续性主要表现在字、词、句的含义和语法上。预习语文的一般步骤是：首先通读课文、注释以及习题，划出生字、生词和不好理解的句子。其次，查工具书，即给生字注音，给生词注释以及解决一些可以解决的问题。再次，尝试归纳出课文的中心、段意、人物特征、表现手法等，可用作听课时与老师的讲解对照，以加深理解。

（2）数理化的预习方法

数学、物理、化学等课程的重要特点是：知识的连续性特别强。所以数理化课程虽然也可以作及时预习，但集中时间做阶段预习、学期预习，学习效率会更高一些。数理化课程预习时可采用以下方法：首先，阅读课文，理解定理、定律、公式、常数等。定理、定律、公式、常数、特定的符号等，是学习数理化课程的最重要的内容，预习时要重点理解，牢牢记住。其次，扫除绊脚石。数理化的知识连续性强，前面的概念不理解，后面的课程就无法学下去。预习的时候发现学过的概念有不明白、不清楚的，一定要在课前搞清楚。最后，试做练习。数理化课本上的练习题都是为巩固所学的知识而出的。用来检验自己预习的效果。预习效果好，一般书后所附的习题是可以做出来的。

（3）英语的预习方法

英语预习可以分为单词的预习和课文的预习两部分。单词的预习可以先看课后的单词表，也可以直接在读课文中划出不懂的单词，这样可以把以前学过的没掌握的单词一并找出来学习。在课本上，尝试着用铅笔划出英语习惯用语、固定搭配和句型，接着预习课文，先自读课文，了解课文大意，再接着可以尝试翻译课文，把不能自己翻译的句子标记下来。

5. 快速阅读预习法

第一：跳读法

预习语文等文科科目可以采用跳读法。跳读法一般要注意以下几点：

（1）建立一个基础

在开始读一篇课文之前，先花几分钟思考一下它的题目，并看一看课前的提示，小标题黑体字等重点内容，对课文的内容先有个总体的认识。

（2）跳跃式的阅读

在阅读过程中，要以理解为前提，抓住关键句子，迅速进行分析综合，理解文章的内容。要保持灵活的节奏时间管理，遇到思想丰富的段落要放慢速度；遇到可以加快阅读的内容，则要不失时机地加快速度。

(3) 把握中心思想

在跳跃式的阅读中对文章有了概括性的认识,然后用自己的话概括一下,这篇课文讲了什么内容,表达了什么中心思想。

(4) 尝试列出提纲

最后,简要思索一下,这篇课文大致的线索,可以分为几个层次,抓住每个层次的关键点,列出读书提纲。

第二:由果及因法

在预习数、理、化等理科科目时,可以采用由果及因的方法进行快速阅读。

首先,快速扫描一下要预习的章节,把这一章的主要概念、定理、公式在课本中划出,或摘录在笔记本上。

然后,不必仔细地按顺序每字每句去读,比如预习一个定理,可以简略的看看这个定理前面几行的课本内容,如果觉得可以理解这个定理了,就可以进入下一个内容。通过这种方法,由"果"入手,去寻找"因",以重点带动全部,快速把握课文内容。

6. 预习的作用

(1) 能发现自己知识上的薄弱环节

在上课前补上这部分的知识,不使它成为时的"拌脚石"。这样,就会顺利理解新知识。

(2) 有利于听课时跟着老师讲课的思路走

对听课内容选择性强。明确哪些知识应该放上主要精力,加强理解和消化;哪里应该重点记笔记,做到心中有数。

(3) 预习有利于弄清重点、难点所在

便于带着问题听课与质疑,注意力集中到难点上。这样,疑惑易解，听起来轻松、有味，思起来顺利主动，学习效果好。

（4）预习可以提高记笔记水平

由于课前预习过，讲的内容和板书，心中非常清楚。上课时可以不记或少记书上有的，着重点记书上没有的或自己不太清楚的部分，以及老师反复提醒的关键问题。从而可以把更多的时间用在思考理解问题上。

（5）可以提前消灭学习中的"拦路虎"

通过预习，必然会有部分内容弄不懂。为什么看不懂呢？原因很多，其中一个原因是没有掌握好有关的旧知识，也可以说没有掌握好新课的预备。预习就像"火力侦察"，可以发现上的薄弱环节，在上课前迅速补上这部分知识，不使它成为听课时的"绊脚石"。这样，在理解新知识时就会很顺利。有的人之所以听讲效果差，有一条原因，就是没有准备好听课前所必需的旧知识，从而给听课带来了各种困难，很难做到当堂理解。结果上课时间被白白浪费。而预习，就可以避免这种被动局面的出现。例如，课前预习到《一元一次不等式和它的解法》一节时，书中有这样一段话："解一元一次不等式就是求这个不等式的解集的过程，它的一般步骤与解一元一次方程类似，但一定要注意当两边都乘以（或除以）同一个负数时，不等号的方向必须改变"。如果不预习，上课时又不会一元一次方程的解法，直接讲"两边都乘以（或除以）同一个负数时，不等号的方向必须改变"的内容，有的同学就会听不懂。如果停下来，去问同学或查书，就会耽误了听课，结果，一步掉队步步掉队，再听也接不上了。这节课可能弄得心烦意乱，毫无成效。如果在预习过程中及时补上旧知识，上课听讲，接受新知识就会比较顺利。

(6) 预习可以提高听讲水平

一般说来,预习不可能把新教材全都理解了,总会遗留下一些不懂的问题,盼着上课时解决。这样听讲目的明确,态度积极,注意力也容易集中,听讲效果好。比那些老师讲什么听什么、主观上没有思想准备、没有重点、没有具体目标的学生,要主动得多。当老师讲到自己预习时已经理解的部分时,就可以把注意力集中在要看老师如何提出问题、分析问题、解决问题,拿自己的思路与或同学的思路进行比较,看或同学高明在什么地方,不足在什么地方,自己还有哪些理解不够的地方,取人之长,补己之短。假定书上有一道题,有 A、B、C 三种解法,你预习时掌握了B 种解法。上老师把问题提出后,你就会胸有成竹地期待着,看老师或同学是怎样做的。如果有同学用 C 种解法时,就可以举手提出你的 B 种解法,因为你的解法比较高明,同学都会向你投来赞赏的目光,你心里就会产生一种说不出的愉悦感。如果那个同学也用 B 种解法,你会因为与他不谋而合而高兴。如果老师在总结同学们的解法之后,提出了 A 种解法,你就会感到惊喜不已,心中有顿开茅塞、别有洞天之感,佩服老师高明,更加虚心向老师学习,拍脑袋责备自己为什么没有想到这一步,从而提高学习,激起今后预习的欲望。可见,预习后上课不是没事干,而是听有重点,看有"门道",学有目标,重在思考。这样做,不仅有利于掌握新知识,而且有利于的发展。

如果先不预习,不管用哪种解法解,都认为对,不会产生上面的情感体验,印象淡薄。由于盲目地听课,听和记本来就够紧张的了,哪里还能够匀出精力来思考理解? 更谈不上与教师同学比较思路了。

（三）课上听讲

1. 教师如何让学生"上好课"

（1）教师要上好一节课，首先要具备以下的素质

①思想政治素质：既教书又育人，这是党对教育工作者的基本要求，也是教师的基本职责。一个好的教师，就要把"教书"和"育人"两副担子一肩挑。只有这样才能完成党的教育方针的要求，才能使学生得到全面发展。作为教师就要把对党、对祖国、对社会主义的爱，转化为对教育事业的爱，对学生的爱。要真挚地、深情地爱自己的教育事业，爱自己的学生。

②教师的业务素质：教师的钻研精神反映出教师业务素质如何。教师要能认真钻研教材，了解和掌握所教学科知识的全部内容。运用科学的教学手段和方法，使学生掌握这些经过精心组织的基础知识和基本技能。

③教师的个人素质：每一位教师都有一个走上讲台步入教师角色的过程。事实上，每一个教师实际上所承担的角色范围和程度都存在着一些明显的差异。这个差异就由教师的个人素质所决定。教师的个人素质包括：知识渊博，语言表达能力强，认真的态度，严谨的作风，负责的精神。

（2）能很好地处理教材：教师在使用教材时，需要区分出哪些是要求学生必须掌握的知识、技能方面的材料；哪些是为了让学生掌握的知识、技能而安排的过渡性练习或者是更好地领会所学内容的背景材料。只有区分不同性质的材料，才便于确定学生应该掌握什么样的知识与技能。确定教材的重点，难点。科学地有针对性地设置和提出问题。教师要善于设置一些新颖、别致、妙趣横生、唤起学生求知（探索）欲的问题，要把问题设计在学

生的最近发展区，有利于学生发散性思维和创造性思维的培养。

（3）能灵活运用教学方法：恰当的教学方法影响着课堂教学效果。运用教学方法是教学技能和能力的集中体现。教学方法是灵活多样的，是有规律可循的。选择每一种教学方法都要有所依据。一节好课，可以从两方面来说，一是从直觉上，学生学习情绪很高，学习兴趣浓厚，注意力集中，学生的思维处在积极状态。二是从效果上，学生知道怎样去学。一节好课，应该做到使学生爱学、学会和会学，爱学是学会和会学的动力，只有爱学，才能学会。课堂上一种生气勃勃，兴趣盎然的学习气氛，能提高学习的热情。如果教师讲课有气无力，枯燥无味，千篇一律，只是让学生死记硬背现在的知识，既不能引起学生的兴趣，也不能激起学生积极思维和创新意识。有经验的教师总是通过自己的语言、音调、节奏和表情，用自己对所教知识的情感，诱发和激起学生的创新意识，培养学生的创新能力。使教学成为一种和谐而又充满乐趣的过程。

2. 学生听好课的方式指导

（1）培养边听边记的习惯。只是用耳朵来"听"，是一种肤浅的过程。我们不但要教会学生"听"，还要培养学生"会听"、"爱听"、"听懂"，在"听"中有更多的收获。边听边记，是一种"听"的好习惯。在听别人说的过程中，要鼓励学生用笔来记——记观点、记疑惑、记要点、记对自己有用的知识。为了减轻学生和老师们的负担，建议不要专门建立"专心听讲的记录本"，可以与学生日常学习中的其他学科的记录本，如语文学科的"好词佳句"记录本、品德与社会课程的成长记录袋等合二为一。

（2）培养边听边问的习惯。"专心听讲"的过程，也应该是提问的过程。在"听"的过程中遇到不懂的问题，可以有两种方法。一种是听别人说完后举手提问，教师应该预留有提问的时间。第二种方法是马上举手提问，将自己不懂之处及时地提出来。教师应对提出问题的同学及时地给予鼓励，让更多的孩子有提问的意识。

（3）在专心听讲中培养敢于质疑的精神。教师要注意培养孩子敢于质疑的精神。老师也好、同学、专家也好，他们的观点都不是权威，要鼓励学生敢于质疑、善于质疑，而且敢于将自己的疑问公诸于众，让大家来讨论、甚至争论，只有这样，在综合实践课程中才能具有鲜明的民主性、人文性。

3. 注重激励方式的运用

（1）言语激励。正确适当的语言激励是调动学生学习积极性的重要因素，也是培养学生专心听讲的重要手段。所以在"认真专心听讲"的培养过程中，教师千万不要吝啬你的赞扬，要让学生品尝到成功的喜悦，获得成功的满足感。如可经常说："你听得最认真，这可是尊重别人的表现呀！""这么一点小小的区别都被你找出来了，你可真了不起！""你听出了他的不足，可真帮了他的大忙。""大家看，这位同学不仅听懂了别人的发言，还加进了自己的想法，多棒呀！"……一句赞扬、一个微笑，不花时间，不费力气，却能收到明显的教育效果。我们要善于发现每个学生的闪光点，用真诚的话语鼓励他们，课堂上学生就会逐渐愿意专心听讲。

（2）荣誉激励。适当的物质奖励也能激励学生认真专心听讲。作为老师，我首先制作了一枚"专心听讲宝贝"的印章，对于每一节课认真听讲的学生就在他的数学书上印上印章，在以后的每一阶段都对这些会听讲的学生颁发"专心听讲宝贝"奖状。通过这种手段，很多学生上课听讲比以前好了很多。这些荣誉称号对孩子来说都是非常有吸引力的。

当然，更多时候，激励是在无声中即时进行的，它与教学过程融为一体。学生是敏感的，教师的一些细微改变，他们都能感受到。所以，在与学生的交往互动中，种种从教师内心流露出的理解和欣赏，对正在专心听讲的学生来说都是莫大的鼓舞。

4. 具体解决方案

（1）教师、家长携起手来，与学生谈话，让学生端正态度，从思想上明确上课听讲的重要性，好学生不要自以为课程简单，单凭个人看书自学就可以完全掌握，其实现行课本中对有些知识点并没有很详细的阐述，需要老师在课堂上进行详细的讲解，如果不认真听讲，就无法真正牢固地掌握这些知识，差点的学生不要破罐子破摔，放弃听讲，只要听讲总能学会，至少是部分学会，我曾在课堂上做过试验，对学习不好的学生事先打招呼，让他们认真听讲，课后提问他们，发现这些学生都能将本节课所学内容听会，这就是说每个学生只要努力去听去学，总能学会的。

（2）教师讲课要做到深入浅出，通俗易懂，适当时机讲几句笑话，以调节课堂气氛也是很有必要的。

（3）培养学生的参与意识，让他们动脑、动口、动手，不要让部分学生错误形成"老师不管我了"的印象。

（4）努力构建"自主、互助学习型课堂"，将课堂变为学生的课堂，提高学生课堂主人的地位，使之在学习中偿试到成功的喜悦。教师多表扬少批评，善于发现学生的闪光点；教师要带上有色眼镜看学生。

（5）激情引趣，诱发学生的学习动机。激情，是寻求新知最重要的推动力，是构成学习动机最现实、最活跃的成分。

（6）巧妙设疑，诱发学生的创造性思维。心理学家鲁宾斯坦曾经说过："思维通常是开始于疑问或者问题，开始于惊奇或者疑惑，开始于矛盾。"疑问，往往是伟大发明和创造的开始，是创新的源泉。在信息技术课教学中，教师通过设疑，学生的思维活动被推向了高潮，在此基础上教师因势利导，讲清有关概念及知识点，学生就能通过思考，比较轻易地解除疑问，得出正确答案。

（7）鼓励表扬，树立学生的自信心。在课堂上，教师不应吝啬表扬，要注重发现学生的闪光点，进行表扬激励，从心理学的角度讲，学生特别愿意接受表扬，通过表扬能够激发他们的学习热情，增强他们的学习兴趣和信心。在教学过程中，要鼓励进步，促使学生发现自己的长处，发挥自己的潜能，使学生能够树立起自尊、自信，以积极健康的自我观念推动认知活动的改善。

（8）任务驱动，让学生"在做中学"。"任务驱动"适合于教授操作类知识、技能与实践探究式教学。知识与技能的传授应以完成典型"任务"为主，教师根据教学目标把要讲的内容由浅入深、由表及里分成若干层次，将其设置为"任务"分散在不同阶段，让学生"边学边做，在做中学"，形成一个良性循环。

（9）分组活动，在协作中学习。心理学实验表明：多人合作可以提高学习和工作效率。在教学中不断创设有意义的学习活动，让学生在小组中进行交流、合作，互相启发，互相促进。

（10）趣味作业，延伸课堂。针对学生把做作业视为负担的问题，布置一些学生感兴趣的开放式的作业，彻底改变每道题都确定一个"标准答案"的做法，给学生留下足够的想象空间。把作业尽可能与现实生活结合起来，让他们自己去想象、去思考、去设计、去创新。

## 二、自主学习习惯

我们说 21 世纪是一个崇尚能力的社会，一个孩子的成才与否，学校教育固然重要，但也决不能忽视家庭教育相应作用。家庭教育在孩子成长的过程中所起到的作用往往是最根本、最持久的，甚至能够决定一个人一生的成长轨迹。也就是说一个成功者的背后，必定有一个良好的家庭教育背景。因此在家庭教育的过程中，家长要引领孩子确立自主学习的意识，激发他们自主学习的愿望，进而养成自主学习的习惯。让他们的学习从依赖逐渐走向独立，从小进行"学会求知，学会做人，学会生活，学会创造"等方面的意识和愿望的培养，才能帮助孩子在瞬息万变的现代社会中有自己的立足和发展之地。

（一）什么是自主学习

所谓自主学习，就是指在学习上主动而不是被动；自觉而不是盲目；自立而不是依赖；对自己有目标、有要求、有计划、有反思、有总结，而不是做一天和尚撞一天钟，对自己不负责任。让他们在自我设计、自我创造、自我超越的过程中体验到学习成功的愉悦，进而激发他们产生自主学习的欲望，增强他们学习的自主性，为自觉学习打下强有力的基石。

（二）如何自主学习

1. 提供给学生"学"的方法，培养学生的创新能力

提供给学生学的方法，犹如交给学生打开知识大门的钥匙。学

生掌握了方法，才能真正把握学习的主动权，真正属于学习主体位置。学生的创新意识，只有在自主探索问题与解决问题的过程中才能得到培养。因此，教学时应从学生的年龄特点和认知特点出发，留给学生足够的探索空间，让学生通过预习、质疑等具体活动提高创新能力。

（1）指导预习。自主学习的预习，贵在独立性，是学生独立获取基本知识的重要一环。指导预习按"扶——放"原则，起先可设置"导学提纲"以设计一系列问题的形式，在"学什么""怎样学"两方面加以引导。如教学"除数是整数的小数除法"时我设计以下导学提纲：①"除数是整数的小数除法"与"整数除法"有什么异同点？②"除数是整数的小数除法"商的小数怎样确定？③除到被除数末尾仍有余数怎么办？这样坚持训练并将预习要求，读书方法适时渗透，当学生对如何预习有一定的实践后，提纲逐步精简，最终让学生丢掉"导学提纲"的拐杖，走上自学的道路。

（2）鼓励学生独立思考，勇于质疑问难。有的学生由于受知识和年龄等限制；有的胆小不敢质疑问难；有的满足于一知半解，不愿质疑问难，所以我们要创设条件，努力营造氛围激发学生质疑问难，教师要善于灵活地向学生提出探索性问题。

2. 转变观念，适度放手，让孩子树立自主学习的观念

家长是孩子的启蒙之师，终生之友。要培养孩子自主学习的能力，家长首先要实现观念上的自我变革，为孩子自主学习提供观念支撑，这是孩子进行自主学习的重要保证。因此，要想培养好自己的孩子，家长首先要注重自我学习，提高认识，着眼现在，放眼未来。因为，你的行动会潜移默化地影响孩子，言传身教的效果会更显著。

3. 提供讨论交流的机会，培养交际能力

为学生提供畅所欲言、各抒己见的机会，能有效地培养学生的交际能力。引导学生自主学习，教师首先要给学生创设一个民主、平等、和谐的环境，让学生充满自信。我在教学中，经常设计小组讨论，全班交流的环节，让学生做学习的主人，充分表示自己的思维方法及过程，揭示知识规律和解决问题。这样，加强了学生之间的交往和沟通，促进相互了解，促进不断反思自己的思考过程，同时对其他同学的思路进行分析思考作出自己的判断，这种活动不仅锻炼了同学们的交际能力，也增强了他们的生活实践能力，这也是一种合作学习，这种合作学习给每个学生提供了表现自己的机会，不仅使自己对知识理解更丰富、全面，而且充分放飞了自己想象力，使能力得到提高，同时也培养了学生之间团结友爱、互助合作的精神。

4. 遵循规律，注重方法，促使孩子养成自主学习的习惯

谈到自主学习习惯，当前小学生普遍存在的问题是：一是上课精力不集中，爱做小动作，脑子爱开小差；二是对所学的知识不能做到课前预习；三是不能在复习的基础上做作业，有时不能按时独立完成作业，甚至作业质量不高；四是不能及时地进行复习巩固。这些问题的出现，主要和小学生的年龄特点有关。小学阶段的孩子由于年龄较小，自我约束和控制的能力较差，很容易受外界因素的影响和干扰，往往会引起注意力不集中，反复性较大。根据实验调查表明，小学生注意持续时间在 20 分钟左右，他们的有意记忆虽然在增强，但无意记忆仍占一定的优势，情绪和兴趣很容易受不良行为的影响。所以，在家庭教育中，家长必须要遵循儿童的年龄特征和教育规律，注重学习方法的指导，把培养孩

子自主性学习习惯作为自己的重要职责。

5. 提供良好的学习氛围，激发自主学习的兴趣

教师在课堂上创造轻松、愉快的学习气氛，能使学生情绪高昂，思维活跃，学习兴趣和信心倍增，智力活跃，接受能力强。

教学中，教师应积极地为学生创设一种情趣盎然的学习气氛，使学生受到陶冶、感染和激励从而主动学习：①设疑布难，激发学生好奇心理；②巧设悬念，激发学生探知的迫切欲望；③创设情境，使学生自然产生求知的心理冲动。如：教"正比例"时教师领学生到操场，问：现有一根米尺，要量出旗杆的高度，怎样测量？根据旗杆的影子长也能算出旗杆的高度，影子和旗杆有怎样的关系？此后，让学生量出几种不同的杆长和各自影长，进一步研究杆高和影长的关系，进而引出"正比例"的概念。

生动的表演能营造愉悦的学习气氛，激励学生主动参与，激发浓厚的学习兴趣。如教学"认识人民币"时最后的练习可创设"售货员"与"顾客"的表演：一位学生扮售货员出示一根铅笔售价为2角7分，其余学生当顾客，谁先准备好付钱的方法，铅笔就卖给谁。"在有趣的买卖实践活动中，把认识和使用人民币有机结合起来，又培养了学生思维活动的灵活性。

6. 提供动手操作的机会，发挥学生的主体作用

把课堂还给学生，就要让学生在课堂上有独立思考的时间，在教学过程中，放手让学生通过自己操作、实验、想象，可以让学生在主动的探索过程中发挥学生的主体作用。如在学习10的组成时，教师为学生准备了10个扣子，要求学生先数一数有几个扣子，再把扣子分成两部分摆一摆有几种方法，引导学生在操作中探索，发现10的组成的不同摆法。

总之，在课堂上，善于利用教材，灵活用各种有效的教学方法，激发学生的学习兴趣，把自主权交给学生，真正达到培养学生自主学习的能力。

7. 培养学生良好的学习习惯

良好的学习习惯一般包括以下几个方面：①养成有计划的习惯，管理好自己的学习。学习计划可以确保学生不浪费时间，了解自己的学习进度，让他们清楚知道哪些事情等着做，又可以帮他们对先前的学习作个评价，还可以增强学生的学习效能感，每天都有成就感，更加自信。②养成预习的习惯，成为主动学习者。学会预习是会学习的开始。通过预习，可以发现自己的知识缺陷，扫清听课障碍，提高听课效率，培养自学能力。预习可以是个人预习，也可以是集体或小组的预习。预习内容要根据教材内容和自己的实际选择，要安排好时间，自我提问，圈圈点点。③养成认真听课的习惯。课堂是学习的主战场，认真听讲是学习好的首要习惯。上课认真听讲的表现是：精神集中，眼看课本和板书，耳听教师讲解，按要求读、说和讨论，手记笔记或在课本上勾画重点，主动思考，勇于提出问题。④养成复习的习惯。

## 三、事例

辛××同学，升入二年级成绩较优秀，举手回答老师问题也很积极，给每个老师都留下了深刻的印象。但是三四个月之后发现这孩子控制不住自己，上课注意力非常不集中，喜欢做小动作，课堂上一个人也玩得很起劲，作业书写也够不端正，还常出错，有时常忘记带家庭作业，作业完成了一半就上交了，这样的情况屡见不鲜，叫来家长一起想对策，但是都无济于事，效果不大，成绩也因此有所下滑，但是孩子比较聪明，阶段的知识通过简单的复习通常也能考到家长满意的成绩。正因为这样，一直没有重视自己的习惯，依旧会丢三落四，今天忘记这个，明天忘记那个，因此现在，她的学习成绩很难上去，类似的题与她讲过，让她再做，却比别人慢，开始人也变得颓废，上课回答问题低声细语，胆子也越来越小。

## 第三节　加强教师对学生的指导因材施教

### 一、教师对学生的指导

随着新课程改革的不断深入，课堂教学方法也随之越来越现代化、科学化和多样化。因此，学法指导成为了当代教育的发展趋势和所有教育工作者进行教育教学改革的一个突破口。所谓学法指导就是教学生学会学习、学会实际的应用。学生的主要任务是学习，教师教给学生学习方法，主要是想达到"教是为了不再教"的目的，让学生真正成为学习的主人。因此，培养自主学习能力就成了新课程改革的首要目标。但目前在部分教师当中普遍存在一种误解，认为只要教给学生学习方法就等于实现了学生自主学习。但事实并非如此，要实现学生的自主学习需要一个过程，这个过程既是学生对学习方法不断运用、体会、内化的过程，也是教师指导的过程。

学生在教学活动中的自主性，首先体现在具有明确的学习目标（短期目标和长远目标）和积极的学习态度，在教师的"指导"启发下独立自主地感知教材，理解教材；其次，在教师的"指导"下逐渐养成对学习活动积极的自我支配、自我控制和调节，根据自身的特点，自定学习步调，充分发挥自身的潜力以达到更高的学习目标。因此，教师要正确看待学生的自主学习，及时转变教学观念，在树立正确的学习观和科学的质量观的同时，不断更新知识、研究和探讨如何通过教师的指导促进学生的自主学习。

（一）提高教师自身的素质

教师在整个教育教学中起着重要的作用。教师是素质教育的实践者和实施者，只有高素质的教师，才能教出高素质的学生；只有高素质的教师，才有高素质的教育。所以，提高教师自身的素质既是教育的关键，也是教师完成教书育人工作所应具备的基本条件和应有的稳定的品质。

伟大的无产阶级教育家徐特立先生一生"以教书为职业，以教育为事业"兢兢业业，勤勤恳恳，把自己的毕生精力献给教育，为祖国哺育了一代精英，为广大教育工作者树立了光辉的榜样。

古人云：亲其师，才能信其道。现在的学生对教师的要求越来越高了，但是，教师并不是圣人，也会犯错误，也有自己的脾气。可是，身为人师，我们的言行举止将会直接影响到学生的成长，尤其会对学生的心理产生重大影响。学生对于教师的人格要求，可能会超过任何人。很难想象：一位素质不高的教师，会是一位拥有人格魅力的教师？会成为学生所爱戴的教师？一位不受学生爱戴的教师，能够管理好班级？能够影响与塑造学生的健全人格？

在学校里，教师是学生最亲近最尊敬的人，是最直接的榜样，学生具有天然的"向师性"。具备良好素质的教师，会像一丝丝春雨"随风潜入夜，润物细无声"，潜移默化地影响着学生的人格。教师的素养之光对学生心灵的烛照深刻且久远，甚至可能影响学生的一生。陶行知先生就曾说过，真教育是心心相印的活动。有了这样的"心心相印"，学生的人格的成长会在具有丰富的人文素养的教师的影响下，逐步成熟与完善起来，而学生的人格的完善，是一切良好的学习心理的基础。

（二）教师如何指导学生学习

1. 把学习的快乐传递给学生

知识是人类的精神财富。读书学习是一种美好的精神享受。身为教师，在传授知识的同时，要把这种快乐和享受传递给学生，特别是学习成绩不佳的学生，往往把学习当成一种很无奈、很劳累、很痛苦的事情。认为学习是一种沉重的精神负担，一种必须尽的义务。这是传统填鸭式教学所造成的不良后果，同时，也是因为这些学生未曾体验到学习读书所带来的乐趣的缘故。但是，这些学生读起课外书却津津有味，这就是兴趣，精通教材，对书本知识进行深加工，改变传统的教学方法，借助形象有趣的教具，倾注于感情，声情并茂、灵活多样地进行授课，使教书成为有趣的事情。然后把这种乐趣传递给学生，使学生产生好奇心，激发学生的学习兴趣，在学知识的同时，体验到学习的乐趣，学生就会越学越想学，越学越爱学。

2. 巧妙创设教学情境，激发学生学习兴趣

"兴趣是最好的老师。"只有学生对学习的内容感兴趣，才会产生强烈的求知欲望，自觉地调动全部感官，积极主动地参与教与学的全过程。为此，教师在教学中要善于创设教学情境，根据

学生的生活经验，创设学生感到亲切的情境、感兴趣的情境来激发学生对数学学习的兴趣。

3. 及时给学生以赞扬

教师对于学生在学习中取得的进步和成绩要给予肯定和及时表扬，使学生产生荣誉感。对于落后的学生，教师更要细心挖掘其优点，发挥其长处，经常给以鼓励；对于取得的点滴进步，都要及时给予赞扬。每一个人都有自尊心，都渴望得到他人的肯定和赞美，渴望获得他人尊重。对学生要多表扬少批评，表扬和鼓励能够给学生成就感，能增强学生自信心；批评容易挫伤其自信心，扼杀其积极主动性。批评学生时，教师一定要注意策略，掌握好分寸，尽可能不伤其自信心。"赞美和鼓励，使白痴变天才；批评和谩骂，使天才变白痴。"

4. 让学生亲身体验学习过程，促使学生主动学习

学生要发展，就必须体验学习的过程，而获得体验的最好方法就是亲身参与。心理学告诉我们：一个人只要体验一次成功的喜悦，便会激起无休止的追求意念和力量。低年级的学生通常要将他们日常生活的许多活动规范化、系统化，并在其间得到经验，通过已有经验去感知新事物。正是通过已有"经验"，学生才能经历知识从具体到逐步抽象的过程，从而获取知识，得到新的经验。

5. 把好的学习方法传授给学生

方法很重要，教师要有好的教学方法才能教好书，学生也须有好的学习方法才能学习好。学习方法不得当，学生即使有兴趣，也会很快消失；学生即使很努力，成绩也不会提高很快，这样学生很快就会对学习产生厌倦。作为教师，授之以鱼，不如授之以渔，因此要把正确的、行之有效的学习方法传授给学生，并督促

学生应用，使学生看到成绩。让学生明白只要努力就能够取得好成绩。这对提高学生学习成绩，保持并加强学生的学习兴趣，增强学生的自信心，培养学生的学习能力起着不可低估的作用。

6. 把好书推荐给学生

当代的学生猎奇心强，依赖心重，追赶新潮，喜爱看畅销书籍。面对五彩缤纷而充满诱惑的现实世界，幼稚的青年学生又良莠难辨。因此，身为人类灵魂的工程师，有责任有义务指导学生选择健康而又优秀的古今中外精品读物，帮助他们汲取人类知识宝库的精华。这对学生的身心健康极为有益。这就要求教师有渊博的知识，广阔的视野，了解时代潮流，紧跟时代步伐，拥有一颗年青的心。

7. 创设参与与交流的空间，促使学生主动发挥

由于每个学生的经验以及对经验的观念不同，因此不同的学生对事物理解也不可能完全相同，他们站在不同思维角度所看到的是事物的不同反映面，可利用这些反映面来引发学生交流，使学生互相促进。

8. 帮助学生变被动学习为主动学习

学生的学习成绩提高了，学习乐趣浓厚了，知识丰富了，视野开阔了，就会产生自己学习愿望，此时学生的学习是盲目的，这就要求教师及时为学生确定方向，设定目标。

目标越具体越清晰，实施越容易，也越容易见成绩，成绩不断累积的总和就是目标的实现。变被动学习为主动学习是学生的学习能力从量的积累到质的飞跃的转折点。

9. 让学生意识到自己的进步，促进学生主动发展

据有关研究资料表明，学生在学习过程中遇到困难时，如果是

通过自己的努力求得答案，那么他解决问题的积极性将会越来越高，让学生意识到自己的进步，学生就会在愉悦的情绪中产生一种渴求学习的愿望，从而更加积极主动地学习。这就要求教师在教学中做到，该由学生自己去探索的知识，就放手让他们自己去探索，该由学生自己获取的知识，就尽量让他们自己去经历，学生在探索过程中思维受阻时，教师只作适当的提示和暗示，让学生体会到所学会的知识是自己"发现"的，自己"创造"出来的，从而使其体会到自己的成功和进步。在课中，老师要创设宽松的学习氛围，让学生借助已有的经验，通过自主探索、合作交流，发现掌握新知，并学会运用知识解决生活中的一些实际问题。在整个教学活动中，老师要不断地激励每一个学生，对于学生的点滴进步应及时地给予适当的表扬，使学生体会到探索的乐趣和成功，更加努力，更加主动地去学习。

指导学生的学习决非一朝一夕能够做到的，这需要教师日积月累的辛勤付出，同时这又是一个自我陶冶、自我修炼、自我完善的过程。

（三）教师的地位

1. 集体的领导者

教师的地位、年龄、知识、经验决定了他在学生集体中负有领导者的责任，他要引导、组织和管理学生集体的各项活动，并维持和执行活动的秩序与纪律。与此同时，学生要服从教师的领导，接受教师的检查和督促。当然，教师必须意识到，有效的课堂教学是与有效的领导分不开的，他必须有良好的领导作用、领导品质和领导才能。他也必须意识到随着学生年龄、年级和知识的增长，他的领导方式也应发生相应的变化。

### 2. 模仿的榜样

教师是教育人的人，社会和家长理所当然地要求他成为所授知识之价值的社会代表，成为社会道德规范的示范者，成为学生效仿的模范公民。同时，教师在学生心目中也是一个理想化的形象，学生时刻在有意无意地模仿教师的一举一动、一言一行，并据此形成或改变自己看待和对待事物的态度、倾向和行为方式。教师应特别注意自己在这方面的作用，有意识地发挥"身教胜于言教"的表率作用。

### 3. 知识的传授者

教师的特殊功能自然是把知识传授给学生，在课堂中扮演知识传授者的角色。这是教师职业不同于其他职业、课堂活动不同于其他活动的最基本的特点，这也决定了师生之间必然是教育者与被教育者之间的关系。但是，教师也应该认识到，传授知识不等于把知识呈现或告诉学生。这一任务可以由适当编写的程序教材来完成，而且可能完成的更好。从现代教育心理学的观点来看，把教师看成学习活动的指导者更为恰当。这样，学生被看成学习活动的主动者，教师的责任主要在于如何帮助学生学习。

### 4. 朋友与知己

学生具有自然的"向师"或"亲师"倾向，如果教师也能以平等的态度对待他们，重视、关心、鼓励、亲近他们，就可能成为他们的朋友和知己，他们也就有可能把自己的心理话告诉教师。但是，教师在扮演学生的朋友和知己这一角色时，决不能忘了自己的教师身份。应该认识到，师生关系不能完全由感情支配，更不能为了取得学生或学生干部的支持而无原则地迁就学生。

5. 家长的代理人

我国的传统习惯赋予教师一定的家长职权。家长要求学生好好听教师的话,希望教师把学生管严点,甚至在一定程度上容忍或容许教师惩罚学生。

(四) 教师的主导作用如何体现

1. 激发兴趣,创设氛围,使学生自主学习有保障

初中生年龄小,在小学阶段学习基础知识时被迫接受较多,依赖性较强,而且学生专注学习能力较差。因此,教师就要善于在课堂上创设符合学生心理的学习情境,采取灵活多变的组织形式,生动活泼的学习方式,充分尊重学生个体选择,尊重学生在学习过程中的独特体验,爱护学生的好奇心、求知欲,调动学生的学习积极性,激发其学习热情,培养学生的主动参与意识,让他们对自主学习产生浓厚的兴趣。同时拉近师生间的距离,使学生感到亲近;拉进他们与文本以及文本所表达的思想感情的距离,使他们主动参与,乐于探究,在品味赏析、积极体验中,领略语文之美。

2. 细心指导学法,为学生自主学习提供帮助

前苏联教育家苏霍姆林斯基说:"一个人到学校上学,不只是为了取得一份知识的行囊,主要应该是获得多方面的学习能力,学会思考。"授之以鱼,不如授之以渔。科学的学习方法是学生获得知识的重要手段,也是把学生从死记硬背中解放出来的重要措施。教给学生学习的方法,就是给学生的学习导之以法,让学生自己去探索,并掌握规律,形成能力。

教师应帮助学生制定适当的学习目标,寻找达到目标的最佳途径,指导学生形成良好的学习习惯,掌握学习策略,包括预习、

听课、质疑、记笔记、练习、复习的方法，为学生自主学习提供切实的帮助。

当然，学习方法多种多样，各人的情况也不尽相同，要指导学生掌握适合自身特点的行之有效的科学学习方法，同时还要注意让学生"愿学"、"乐学"，因为"愿学"、"乐学"是推动学生发展的前提和动力。学生养成了自主学习的习惯，掌握了自主学习的方法，才能有效地自主学习。

3. 适时引导，宏观调控自主学习的进程

在学生进入自主学习后，教师仍要发挥组织者和引导者的作用。课堂如果缺乏教师的有效组织，就会导致无序和失控，如果没有教师渐入佳境的引导和因势而发的促进，学生就不能在较高的层面上把握文本，完成对文本的意义建构。教师要积极地看，积极地听，设身处地地感受学生的所思所想，随时了解学生学习的进程，并凭借自己深厚的语文素质，对文本的独特体验、感悟、把握以及可能高于学生的深刻见解而对学生正确引导，开启思维，适时示范，精要点评，以保证自主学习的顺利开展。

4. 搭建平台，提供适合学生需要的舞台

新课程鼓励学生选择适合自己的学习方式，但这需要教师能够搭建适应这种新需要的舞台。如学生朗诵时可播放一段音乐，营造一种氛围，让他们更容易走进文章的意境，可把文章的情节让学生分角色扮演，让他们在演、看、评中尝试体验，学生在动情时，想高歌一曲，就让他们尽情高歌，想来一段劲舞，也让他们纵情表达，对一些有争议的有辩论价值的问题，还可以组织辩论赛，模仿电视里的谈话节目，模仿导游等等，让学生在充分"内化吸收"文本的基础上选择适合的方式呈现感悟，表达情感。

5. 对教学评价的影响

(1) 教学中的评价能帮助学生明确努力方向

正确的评价要有比较明确的目的性,它可以使学生了解自己对于学习目标的完成程度,唤起学生新的认知需要和成就需要,从而引导学生朝着正确的方向发展。我们常说孩子是单纯的,对孩子而言,恰当的评价很重要的一点是要准确,就是要明确地告知哪个方面好,哪个方面还有欠缺。孩子知道自己的情况,也就知道该怎样努力,要在哪方面努力了。

如果学生得到的总是诸如"好"、"不错","要继续努力"等等笼统的评价语言,他们大多将无法确定努力的目标。不恰当的评价,有时还会影响学生的情绪,常常使学生产生偏离目标的现象。

(2) 教学中的评价能激励学生产生内在的动力

正确的评价要有较强的指导性,它能够促使学生产生心理上的自动力,帮助他们开启思维的闸门,提高其学习的兴趣和信心,鼓舞他们积极向上的勇气。正确的评价,能够满足学生自尊的需要,引起学生积极的情绪体验,促进学生将内在的需求外化为积极的行动。

对学生学习行为进行评价,要以尊重、理解学生为前提,要保护学生的自尊心。自尊是个人对自己的一种态度,是人格的一个主要特征,它同样对学生的行为有着重要的影响。不正确的评价,会导致学生自尊感受损,出现自卑、冷漠等行为的反应,甚至会出现自暴自弃或逆反的行为反应。

(3) 教学中的评价能使学生有意识地克服自身的不足

正确的评价要有较强的针对性,它能够引发学生认识自身的不足，意识到自己的行为与他人的差距，进而产生完善自我的心理，去努力追求更好的发展。教师要特别注意及时评价，及时反馈，才能使学生切实了解自己的情况，自觉的发挥自身的优势，克服不足。

## 二、因材施教

### （一）什么是因材施教

因材施教是教学中一项重要的教学方法，在教学中根据不同学生的认知水平，学习能力以及自身素质，教师选择适合每个学生特点的学习方法来进行针对性的教学，发挥学生的长处，弥补学生的不足，激发学生学习的兴趣，树立学生学习的信心，从而促进学生全面发展。

因：根据；材：资质；施：施加；教：教育。指针对学习的人的志趣、能力等具体情况进行不同的教育。

因材施教是指教师要从学生的实际情况、个别差异出发，有的放矢地进行有差别的教学，使每个学生都能扬长避短，获得最佳发展。

### （二）为什么要因材施教

所谓因"才"施教，是指在教学过程中，教育者应该尊重和承认学生的个性差异。这种差异不仅表现为先天的遗传因素上的差别，而且还表现为其身心成长、美育形成与智力发展的后天条件上的差别。由于这样的差别，从而又导致了每个人在发展方向、发展速度及其最终能达到的发展水平上都有所不同。作为和学生直接打交道的教师应该在教学中注重这一问题。

学生的个性差异不仅表现在德、智、体、美、劳等不同方面，而且在某一方面也都表现出不同的层次。

针对学生个性差异特征，教师要采取相应措施，使所有学生都能在全面发展的基础上突出自己的某些特长。首先，教师要有针对性地对各位学生进行必要的辅导。这样做对学生提高自身素质无疑是有效的，但教师的时间和精力毕竟是有限的，因而还必须寻找其他的方式；其次，安排有不同特长、不同能力层次的学生组成学习小组。这样做使学生在相互影响中各方面都得到长足发展，可谓省时、省力，又见效，同时也弥补了教师时间和精力有限的不足；再次，对于特殊学生（这里的特殊学生一般是指在德、智、体、美、劳等方面都较差的学生），教师和其他学生要专门对他们进行引导和帮助。这样做，使他们感受温暖，从而树立信心，迎头赶上，取得良好成绩。

（三）如何因材施教

1. 就教育对象而言，因材施教是因学生之材而施教

随着多元智能的引入，我们对传统的因材施教给出了理论支撑。"多元智力"理论认为人的智力具有多元化倾向，呈现出不同的个体差异。这些智能有"语言智能、数理逻辑智能、视觉空间智能、音乐智能、人际关系智能、内省智能、身体智能、自然智能"8种智能。不同的人智能的侧重点也不一样。正是在此基础上，我们的教育就必须因其智能的个别差异，施以恰当的教育内容和教育方式。

"新课程标准"把课程分为"必修课"和"选修课"，就是因材施教的具体策略。让学生在整体达标的基础上，根据个人的智能特长，有选择性地学习，促进学生有个性的发展。这是真正的以人为本。

2. 就教育者而言，因材施教是因老师之材而施教

应该说，每个老师都有自己的特点。有的老师大江东去，具雄浑之美，有的老师小桥流水，具婉约之美；有的老师热情奔放，让人热血沸腾，有的老师智慧幽默，让人捧腹大笑；有的老师长于理性，稳扎稳打，有的老师长于感性，真挚动人；有的老师天马行空，时有奇思妙想，有的老师针脚绵密，逻辑特别强大……

俗话说，愚者千虑，必有一得。任何老师都有自己的一招鲜，这一招鲜就是老师的特长、特色，也就是老师教育个性的标签，我们要学生发展个性，那么，老师首先也要张扬个性，发挥特色。因此，因材施教第二点就是老师要因自己的材而教，要把自己的材发挥得淋漓尽致。惟其如此，才能够最大限度地展示自己的风采和智慧，才能最大限度地达成教育目的。

3. 就教育文本而言，因材施教是因体裁而施教

高考作文这几年最大的问题，就是学生写作文体不清。主要表现为议论文和记叙文杂糅。记叙文不能把事例写清楚，没有明确的中心；而议论文摆出论点后，又不会围绕论点，选择典型论据层层深入地展开论证。

（四）因材施教的原则

1. 教师要留意观察分析学生学习的特点

学生在出现问题时的表现尤其是值得分析的迹象，从中有可能发现他们独特的认知特征和动机倾向。教师要多提这样的问题："为什么会感到困惑，卡在哪里了？""为什么老是出同样类型的错？""为什么会出现反常现象？"学生学习中明显的顺利也是值得关注分析的，从中可以发现学生擅长解决什么样的问题和学习的动力所在，分析学生在什么状况下特别顺利，在思维和理解方面

具有什么特点，等等。通过观察分析，了解学生的特性。

2. 对待学习成绩差的学生，要做具体分析，区别对待

有的学生因为思维水平较低，有的学生因为学习风格的限制，有的学生因为学习动机的障碍，导致了学习成绩差。在实际情景中，动机因素和能力、风格的因素是交杂在一起、相互作用的，因此，必须从动机的激发维持和学习方法的指导等多方面入手。采取不同的措施使学生在自尊自信的状态下学习，对于能力水平低的学生尤为重要。如果教育不得法，抹煞了能力较差学生的自尊心，则无异于雪上加霜，抽去了他们发展的动力之源。

3. 教师要根据对学生学习风格的了解，在教学中有针对性地提供风格相配的教学方式

有研究表明，当教师的教学风格与学生的学习风格相匹配时，有利于提高学习成绩。比如，对于喜好图像表征的学生用图式来讲解概念，避免把喜欢安静的学生安排在教室门口坐等。由于任何认知风格都不会适用于所有的知识学习，如果学习者在学习中坚守某一种认知风格，势必会在一些不适于自己风格的学科学习中失败。研究者认为，个体的学习风格是一种习惯，后天经验和训练起着很大的作用。要注意的是，方式先配的教学不会像匹配性教学那样容易展开，必须细致渐进，并且随时注意学生的学习情况，根据学生学习的反馈及时进行调节。

4. 教师不仅仅自己要分析把握学生的学习风格，而且要引导学生认识自己的学习风格特点，促使学生把学习风格转化为学习策略。

（五）因材施教的现代内涵

1. "因性而教"

古代女子是不能同男子一样受教育的，所以当时不存在"因

性而教"的问题。但社会发展到今天，显然"因材施教"应涵盖"因性而教"。本来，男女在生理、心理上的确存在着差异，女生在生理发展上较男生一般早熟一两年，在小学和初中低年级时，女生的语言能力和机械识记能力一般优于男生，再加上本身学习的内容中抽象思维的成分比较少，所以此时女生的学习成绩普遍高于男生，但随着年级的升高，学习内容机械识记成分减少，相应的抽象思维的要求越来越高，男生的优势开始发展。所以，教师应看到男女生各自的优势，因势利导，帮助他们分别保持和发展各自的优势，共同进步。

2. "因龄而教"

根据皮亚杰的认知发展四阶段说，各年龄阶段都各有其特征，因此对不同年龄阶段的儿童，教师要因年龄特征而教。

3. 因能力的个别差异而教

学生的能力有大有小，基本上呈常态分布：两头小，中间大；能力的充分发挥也有早有晚，有人才早熟也有人大器晚成；能力的结构上也有差异，有的长于想象，有的长于记忆；等等。故我们应因学生能力的个别差异而教。

4. "因材施教"与"因教而学"、"因材择学"相辅相成，共同促进学生的全面发展

在教学过程中，教师的讲授活动和学生的学习活动客观地存在着相互适应。师"因材施教"，生也应"因教而学"，择其善从之，不善而改之；还应允许学生"因材择学"，根据自己的能力、兴趣等特殊情况进行自由的发展。三者结合，既重视教师的"教"，又重视学生的"学"，使之达到和谐统一。

5. 因性格施教

每个人有不同性格，很多学习不好的根本原因往往是性格造成的，而且不同性格的人对于学习的方式和内容的敏感度也不一样。

（六）实施因材施教的意义

1. 对于教师

因材施教的过程中，教师要监控学生的发展过程并适时纠偏。其一，老师要适时布置作业，并及时批改，发现问题及时纠错。如果老师布置作业和批改作业与学生完成作业的时空不对称，错误得不到及时纠正，学生很容易摆脱老师的监控。其二，学生的行为表现也必须在老师的监控之中，其行为表现实际上是记忆力、兴趣和爱好、反应速度、摹仿能力和耐力等5种行为特征的综合反应。哪一种行为的偏差都会对一个学生的成长产生影响，所以老师必须关注学生在各个方面的表现。其三，鼓励和强制同样都是使其"乐知"的法宝，有的人天赋反叛心理，强制的方法只能逼迫他向相反的方向走，这类人是少数；但大多数人是需要管理和监督的，即使是逼入知识的殿堂，终究会有尝到知识的美味那天，待那时自然就是"乐知者"了。其四，作为教师应彻底消除偏见，切不可厚此薄彼，因材施教的精神就是有教无类，人人都应得到公平的教育。

2. 对于家长

因材施教同样对家长具有非常重要的意义，家长在因材施教的过程中应该扮演一个主要的角色，切不可把自己扮成旁观者和不相关者，错误地把教育当成只是学校和老师的事情。其一，家长要向老师报告学生在5个行为表现方面的真实的具体的情况，配合学校制订相应的教育方案。其二，家长要参与到孩子的学习和活动之中，去发现孩子的优点和缺点，鼓励其优点，纠正其缺点，不要等到报考分的时候才秋后算账。其三，把学习与人生的职业取向和价值取向区分开来，有的家长动不动就把孩子的行为活动或学习上的问题与未来联系起来，这是非常错误的。其四，兴趣、爱好和志向是可以被引导或纠正的，但却不可把父母的兴趣、爱好和志向强加于一个未成年的孩子。中华民族是一个强烈崇尚"子承父志"的民族，也正因为此，中华文化才源远流长生生不息不可战胜；但在中华文明的历史上实实在在地演绎过许多因逼迫子承父志而发生的悲剧。给孩子更大的空间，让他们自由地成长，创新的机会成本远远大于父母的期望利益。其五，鼓励、承认和欣赏给人以动力，责备、反对和不被重视的打击往往使人陷入无助的境况，很容易破罐子破摔。做一个有责任心的，有爱心的，懂得欣赏的父母，是实现望子成龙的根本保障。

3. 对于学校

学校是实施因材施教的一个独立法人意志的机构，在教学实践中应当秉承因材施教的精神有教无类，实现教育的公平原则。其一，学校应当建立一套完整的科学的系统的学生个性特征的测评制度。其二，学校应当建立一套因材施教的教学过程控制系统。其三，改革现行的班主任和任课教师制度，教学分工的专业化，提高教学质量的根本保证，班主任应当从任课教师中分离出来，专门负责教育和教育管理工作。

4. 对于教育公平

根据经济合作与发展组织（OECD）有关报告中的教育公平定义："教育公平有两个含义。第一个含义是公正（fairness），就是要保证性别，社会经济地位和种族等个人和社会因素不妨碍人达到其能力所允许的教育高度。第二个含义是覆盖（inclusion），就是要保证每个人都受到基本的、最低标准的教育。例如，每个人都应该能读、写和做简单的算术"；因此，做到因材施教使学生充分发展是实现教育公平的一个重要方面。

## 三、事例

孔子因材施教

有一天，子路对孔子说："先生所教的仁义之道，真是令人向往！我所听到的这些道理，应该马上去实行吗？"孔子说："你有父亲兄长在，你怎么能听到这些道理就去实行呢！"过了一会儿，冉有也来问同样的问题，孔子却说："应该听到后就去实行。"这时，站在一边的公西华被弄糊涂了，不由得问孔子原故。

孔子说："冉有为人懦弱，所以要激励他的勇气；子路武勇过人，所以要中和他的暴性。"冉有与子路二人，后来从政都有成就，多亏孔子的教育有方啊！

心理学上将人的气质分为4种类型，子路坦率莽撞，可能属于胆汁质；而冉有谦虚谨慎，可能属于黏液、抑郁质混合型。班主任老师要能够同各种气质、不同性格的学生打交道，建立和谐的师生关系。

学生问："老师，你认为我这个人是否很自私？"，而你从心底里也是认为他是自私的，此时，你也要回答："你能够向我提这个问题，我很高兴，说明你开始认真思考这个人生问题，说明你在进步。希望你能够继续探索下去，好吗？"不要轻易下结论，要让对方自己去领悟，认识到自己的问题所在。要善于从积极面思考问题，给学生以积极关注。

## 第四节　加强师生学习交流

### 一、师生交流

在教育迅猛发展的今天，教育观念需要转变，教育手段需要更新，课堂教学中需要进行师生交流。如何进行师生交流已成为新时期人们探讨的重要话题。

在教育现实中，始终存在着一种森严的等级关系。师生之间缺少必要沟通，只是在有限的时间内进行一种刻板而正规的活动，导致目前师生关系紧张，现状令人担忧。因此，在新时期下，如何加强师生之间的交流，尤其是班主任和学生之间的交流，显得尤为重要。要变革师生关系，必须重视师生之间的情感交流，努力克服目前师生之间普遍存在的情感障碍，充分发挥教师在师生情感交流中的主导作用。

### 二、对师生交流的理解

教学活动的过程总是与师生交流相伴随。在这个过程中，教师实施教学，学生经历学习。课堂成为师生共同参与、完成教与学活动的场所。师生之间通过知识的教授与接受、问题的提出与解答、技能的指导与掌握等形式进行着互动。这些互动我认为就是交流。课堂上师生之间的交流关系是否畅通、融洽，是决定教学效果高低的重要因素。也是决定教学效果高低的关键。

教育观念陈旧，部分教师凭借二三十年一直沿用的教学方式进行教学，学生只能被动接受，师生交流微乎其微。

对教学模式掌握的不充分，课堂教学互动少，难以形成一个良好的互动过程。

## 三、如何加强师生交流

### (一) 创造良好的交流氛围

#### 1.教师要具有良好的心态

学生是教学的主体，是学习的主人，多让学生说话，多倾听学生的说话，可以知道学生的问题所在，便于教师针对性进行教学。学生通过交流，可以明是非，知得失，在交流中修正自己，发展自己。要达到这样的境地，首先教师自身要充分认识到课堂交流的重要性，要留足时间让学生交流，否则，教师一讲到底，学生想交流也没有机会交流。其次，要建立民主和谐的师生关系，允许学生发表不同的见解，多问几个"是什么"、"你是怎样想的"、"为什么? 请说说理由"，促进课堂教学师生之间交流的开展与深入。否则，教师听不进不同意见，棒杀不同见解，学生就会唯唯诺诺，不敢说出自己真实的想法，交流也就成了形式。

#### 2.教师要准备有效的材料

师生要进行有效的交流，除了教师提供学生交流的时空、建立民主和谐的师生关系、鼓励学生说话以外，还应该准备有效的材料让学生有话想说、有话可说。因此，教师应根据学生的学习兴趣来准备材料、设计教学过程，让每个学生都积极参与学习，发表自己的看法。

（二）设置一定的交流空间

传统的课堂缺乏交流，而现实的课堂也有一种不好的现象——课堂成了教师与少数尖子生的对话，许多中下生没有参与教学交流，尤其差生，成了课堂的摆设。而他们同样是一个个鲜活的生命。新加坡教育部长在给校长的委任状上有这样一段话：在你手中是许许多多正在成长的生命，每一个都如此不同，每一个都如此重要，全都对未来抱着憧憬和梦想。他们都依赖你的指引、塑造和培养，才能成为更好的人和有用的生命。如何关注每一位个体，使他们也参与交流并得到发展，这应该是每一位教师的职责。好生自不必说，他们是课堂的活跃分子，他们争先恐后发表自己的想法，可以增强课堂的热烈气氛，作为教师，自然高兴，但不能满足于几个好生的表现，而要深入课堂深处，了解每位学生的情况，关注生理和心理有些问题的学生，引导他们参与交流，这样才能提高课堂交流的广度，真正体现既面向全体，又因材施教。

1. 关注思维能力较弱的学生

儿童在上小学阶段，年龄大致在 6 ~ 13 岁，身体各部分都处于发育期，包括脑子在内的各个器官，都还很脆弱。由于遗传、生活习惯、家庭环境等许多方面的原因，儿童脑子发育情况有所差异，思维能力也有好有差。有的儿童由于神经系统发育尚未完善，思维迟钝些，有些儿童不敢说话或说话结结巴巴。

因此，对于这些孩子，我们教师更应该多一份耐心、多一份爱心，创造机会让他们表达，耐心倾听他们的每一句发言。使他们也学会交流、参与交流。有的学生思维比同龄人迟钝许多，语言表达也比较差。老师要尽可能地在班里给他创造一些发言的机会，经常与他交流。要尽量多说"老师相信你一定能做对。""你看，只要你动脑筋，大胆说，一定能说对。"慢慢地，后进生上课的发言多了起来。

后进生不会永远是后进生，教师应该坚信这一点，多和他们进行交流，给予他们比别人更多的关怀，让他们自信起来。只要有充足的阳光、氧气、水分，鲜花一定会开满枝头。

2. 关注因家庭原因造成的问题学生

一个健康、幸福的家庭是每个学生快乐成长的保障，是给予学生安全感的一个港湾。如果一个家庭开始出现分歧或者是支离破碎，那么这个孩子无论是精神上还是学习上都将受到很大打击。有些单亲家庭的孩子，成绩不错，但是行为习惯却不怎么好，独立能力很差。上课时不爱听讲，画画、做小动作或者自己看书什么的。跟他谈心，总是沉默，要不就是掉眼泪。教师平时要注意观察，主动与学生亲近，要拉近师生间的距离，让学生消除心中的顾虑，这样才能燃起他们生活的希望、学习的希望。

## 四、教师如何加强师生交流

（一）以教师的人格魅力来感染学生

爱美之心，人皆有之，不仅美的自然、美的事物，而且美的外貌、美的心灵皆能引起人的愉悦体验。教师的容貌、衣着、仪表、风度等，往往构成学生社会认知中"第一印象"的重要内容，形成师生交往中的"首因效应"。而最重要的是教师的人格美，他的公正、真诚、热情、开朗、宽容、友善、幽默等等个性品质是吸引学生的最为重要的内在因素。人格的伟大，不仅能激起学生的尊敬，而且能融化学生心灵的冰，塑造健全的人格。应该强调的是，教师要想使自己的人格富有感染力，更重要的是还必须做一个堂堂正正的人。孔子曰"其身正，不令而行；其身不正，虽令不从。"因此，我在平时的教育教学中，注意做好学生的表率，真正做到"为人师表"。加里宁说过："教师必须好好检点自己，他应该感到他的一举一动都处于最严格的监督下，世界上任何人也没有受着这种严格的监督。"因此，教师的纪律可以简单地说：要求学生做到的，教师必须先做到；要求学生不做的自己带头不做。比如，我要求学生做到不迟到、不早退、不旷课等，我自己先做到。每天，早读前，我准时站在教室门口，迎接学生的到来，每天午休，也早一点下到班级，下午放学，迟一点离开学校，学生看在眼里，记在心上，无形中，学生会以老师为榜样，做好自己该做的事。

（二）在严爱中注意理解、尊重学生

俗话说："严是爱，松是害"、"严师出高徒"，因此，许多优秀的教师对待学生都较为严格，因为这也是爱学生的一种表现，但严爱当头，要讲究方法与艺术，尤其是要理解和尊重学生，如此方能让学生体会到爱，体会到教师的期望，从而促进其人格发展，各方面全面发展。相反的，如果老师只是一味地严格要求学生，没有把握好分寸，则很容易导致师生之间的矛盾激化。严格要求学生应以充分尊重学生为基础，当代著名教育家苏霍姆林斯基对此有深刻的论断："只有教师关心人的尊严感，才能使学生通过学习而受到教育。教育的核心就其本质而言，就在于让儿童始终体验到自己的尊严感。"心理学的测量表明：一个小孩从出生之日起，便开始具有了多种潜意识，其中包括受人尊重的本能。这些都说明了尊重学生的重要性。勿庸置疑，作为班主任对学生的严格管理是必要的，但若在批评教育时讽刺、挖苦、奚落甚至辱骂、体罚，这与严格要求是格格不入的。批评应当是善意的，特别是对屡犯错误的同学，应进行细致恰当的批评，春雨润物细无声嘛！总之，批评的艺术应当是："严格与善良、严格与尊重、严格与理解、严格与关爱"的有机结合。学生对教师的批评感受到的不仅是合乎情理的严格，而且是充满人情味的关切。只有做到这些才会起到事半功倍的良好育人效果。

（三）利用"班主任周记"进行心灵的沟通

师生社会角色不同，看问题的角度不一样，难免在一些问题上会形成意见上的不一，甚至构成矛盾、冲突与对立。如果沟通无门、分歧过大，便有可能造成严重的人际隔阂。为此，教师应善于通过多种渠道和方式了解学生对自己的工作以及对班级、学校活动的意见看法，采纳合理的建议，求同存异。

加强和学生之间的心灵沟通，是我对教学执著的追求，曾经有人说过没有当班主任的教师不是真正的教师，因为只有班主任才能较深地进入到学生的心灵当中。为此，我已经连续当了十几年的班主任。经验告诉我，师生之间的心灵沟通是非常的重要。"走入学生的心灵中去，你就会发现那是一个广阔而又迷人的新天地，许多百思不得其解的教育难题，你都会在那得到答案。"

## 三、事例

任××同学，刚入学的时候上课注意力相当不集中，做题速度较慢，做到一半就愣在那，总是拖到最后一个才交，当时与家长联系，每次与家长联系后，家长与老师积极配合，询问孩子在校情况，及时让老师指出孩子课堂上的不足，并一起帮助孩子督促孩子听课、作业习惯，有进步回家就及时奖励孩子，慢慢地，她注意力集中了，上课总是坐得端端正正，偶尔也会举手发言。作业书写特别干净，错误总是及时订正。学习习惯渐渐好转，老师不需要再提醒她该干什么，她的学习越来越有信心。现在都不需要再让父母操心，回家就按时作业。

## 第五节 教学方法的不断改进

### 一、教学方法

教学方法，是教学过程中教师与学生为实现教学目的和教学任务要求，在教学活动中所采取的行为方式的总称。

### 二、常用的教学方法

#### （一）讲授法

讲授法是教师通过简明、生动的口头语言向学生传授知识、发展学生智力的方法。它是通过叙述、描绘、解释、推论来传递信息、传授知识、阐明概念、论证定律和公式，引导学生分析和认识问题。运用讲授法的基本要求是：

①讲授既要重视内容的科学性和思想性，同时又要应尽可能地与学生的认知基础发生联系。

②讲授应注意培养学生的学科思维。

③讲授应具有启发性。

④讲授要讲究语言艺术。语言要生动形象、富有感染力，清晰、准确、简练，条理清楚、通俗易懂，尽可能音量、语速要适度，语调要抑扬顿挫，适应学生的心理节奏。

讲授法的优点是教师容易控制教学进程，能够使学生在较短时间内获得大量系统的科学知识。但如果运用不好，学生学习的主动性、积极性不易发挥，就会出现教师满堂灌、学生被动听的局面。

（二）讨论法

讨论法是在教师的指导下，学生以全班或小组为单位，围绕教材的中心问题，各抒己见，通过讨论或辩论活动，获得知识或巩固知识的一种教学方法。优点在于，由于全体学生都参加活动，可以培养合作精神，激发学生的学习兴趣，提高学生学习的独立性。一般在高年级学生或成人教学中采用。

运用讨论法的基本要求是：

①讨论的问题要具有吸引力。讨论前教师应提出讨论题和讨论的具体要求，指导学生收集阅读有关资料或进行调查研究，认真写好发言提纲。

②讨论时，要善于启发引导学生自由发表意见。讨论要围绕中心，联系实际，让每个学生都有发言机会。

③讨论结束时，教师应进行小结，概括讨论的情况，使学生获得正确的观点和系统的知识。

（三）直观演示法

演示法是教师在课堂上通过展示各种实物、直观教具或进行示范性实验，让学生通过观察获得感性认识的教学方法。是一种辅助性教学方法，要和讲授法、谈话法等教学方法结合使用。运用演示法的基本要求是：

①目的要明确。

②现象要明显且容易观察。

③尽量排除次要因素或减小次要因素的影响。

（四）练习法

练习法是学生在教师的指导下巩固知识、运用知识、形成技能技巧的方法。在教学中，练习法被各科教学广泛采用。练习一般可分为以下几种：

其一，语言的练习。包括口头语言和书面语言的练习，旨在培养学生的表达能力。

其二，解答问题的练习。包括口头和书面解答问题的练习，旨在培养学生运用知识解决问题的能力。

其三，实际操作的练习。旨在形成操作技能，在技术性学科中占重要地位。

（五）读书指导法

读书指导法是教师指导学生通过阅读教科书或参考书，以获得知识、巩固知识、培养学生自学能力的一种方法。

（六）任务驱动教学法

教师给学生布置探究性的学习任务，学生查阅资料，对知识体系进行整理，再选出代表进行讲解，最后由教师进行总结。任务驱动教学法可以以小组为单位进行，也可以以个人为单位组织进行，它要求教师布置任务要具体，其他学生要极积提问，以达到共同学习的目的。任务驱动教学法可以让学生在完成"任务"的过程中，培养分析问题、解决问题的能力，培养学生独立探索及合作精神。

（七）参观教学法

组织或指导学习到育种试验地进行实地观察、调查、研究和学习，从而获得新知识或巩固已学知识的教学方法。

参观教学法一般由校外实训教师指导和讲解，要求学生围绕参观内容收集有关资料，质疑问难，做好记录，参观结束后，整理参观笔记，写出书面参观报告，将感性认识升华为理性知识。参观教学法可使学生巩固已学的理论知识，掌握最新的前延知识。

参观教学法主要应用于各种植物品种改良技术的工作程序、后代选择方法和最新研究进展等方面内容的教学。参观教学法可以分为："准备性参观、并行性参观、总结性参观"。

（八）现场教学法

是以现场为中心，以现场实物为对象，以学生活动为主体的教学方法。本课程现场教学在校内外实训基地进行，主要应用于育种试验布局规划、试验设计、作物性状的观察记载方法等项目的教学。

（九）自主学习法

为了充分拓展学生的视野，培养学生的学习习惯和自主学习能力，锻炼学生的综合素质，通常给学生留思考题或对遇到一些生产问题，让学生利用网络资源自主学习的方式寻找答案，提出解决问题的措施，然后提出讨论评价。

自主学习法主要应用于课程拓展内容的教学，如项目教学未涉及的小作物具体的育种方法和特点，组织学生自主学习，按照论文的形式并撰写学习小论文，交由老师评价。锻炼学生提出问题、解决问题和科技写作能力。

## 三、教学原则

从教育学的角度看，实施快乐教育，首先要求教育者必须拥有积极健康的快乐情绪。以快乐的情绪感染人，以快乐的氛围熏陶人，以快乐的理念开导人，以快乐的内容启迪人，以快乐的方法培养人，使学生乐而有度，乐中受益。实施快乐教学法必须遵循下列原则：

1. 率先垂范，言传身教的原则

"学为人师，行为世范"，教师的表率、示范作用是有效实施快乐教育的法宝。学生都喜欢微笑的快乐的老师。快乐的教学氛围容易让老师的创造性和主导作用得以最大限度的发挥，更容易让学生增强自信力，激发想象力，激活创造力。教师应当用快乐的语言开导学生，用快乐的行动影响学生，注重言传身教。

2. 尊重个体，有教无类的原则

孔子早在几千年前就提出"有教无类"的教育思想；斯宾塞主张永远把孩子作为一个主体，并给予充分的理解和尊重。教育实际上是一种不断的诱导和发现的过程，在这个过程中，应当因材施教，尊重学生个体，承认个性差异，不拿同一把尺子衡量所有学生。在实施快乐教育时，不能停留在浅层次的说笑上，不能无视他人的自尊和人格，应特别注意呵护每一位学生的闪光点和进取心，体现出爱心不论亲疏，教育不分种群。

3. 理解宽容，巧妙暗示的原则

"这孩子太不一般了，他看一样东西总是目不转睛。""看看，这孩子的精力多好，总是手脚不停。""哎呀，这孩子力气真大呀，这么重的东西他都拿得起来。"……这样饱含情感、带着宽容和赞美的暗示，很容易使孩子接受，在这样的暗示下，孩子一定会表现得很出色。这种暗示运用到我们的学生身上，也一定会让学生欣喜不已。斯宾塞认为孩子从幼儿到少年这个期间，暗示就像是点燃他们生命和智慧的火把，它可以把平淡的生活照亮，把无目的的漫游变成有理想的追求，孩子们从这些暗示中，隐约可以看见未来的曙光。积极的暗示，特别是来自亲人、朋友或老师的暗示，必定会在孩子的心理和心智方面产生良好的作用。

4. 晓之以理，动之以情的原则

没有爱就没有教育。对学生的快乐教育同样需要本着注之以爱、启之以智，晓之以理、动之以情的原则。在循循善诱的工作中需要抓住时机，以朋友的身份想学生所想，急学生所急，用真爱和智慧把快乐内化为学生前进的动力，让快乐酝酿出学生不屈的勇气，进行耐心细致的心理辅导，带领学生走出误区，走向成功。千万不能不讲方法，强迫接受，出现"成年人以爱的名义对孩子所犯下的错误，结果却让孩子用一生的痛苦来承担"的悲剧局面。

## 四、从"一成不变"到"灵活多变"的教学方法

1. 教学模式的转变

改变教学理念和教学模式，不能采用填鸭式教学，应不断改变教学方法吸引你的学生，注重基础知识的讲解，这样不仅利于创

新精神和实践能力的培养，更利于学习兴趣的培养，目前学生的学习兴趣是以自己学的好坏来确定的，有的学生由于数学基础差，对其采用的是逃避的方式，教师的耐心、细心，和教学方法的转化，才能从根本上解决问题，使学生形成良好的学习氛围，真正做到让课堂教学焕发生命活力。

2. 教师角色的转变

教师要爱学生，不能做"教育警察"，而且要让学生切实体会到你对他的关爱，愿意将心中的困惑告诉你，同时要和他一起面对困难，找到解决问题的途径，不能轻视你的学生，要尊重他们，和他们建立起平等、和谐的关系，真正成为学生的良师益友。

3. 培养学生的自信心

循循善诱，对男女同学交往不能横加干涉，当众批评，要正确引导使他们形成良好的同学友谊，要成才先成人，激励机制要落到实处，不求人人成功，但求人人进步，每天表扬进步的学生。

4. 教师要不断改革并创新教学方式

创新教学方式，以培养学生的自觉能力，学会学习。要想让学生学会学习，就要让学生的地位发生变化，由传统的被动的转变成为学习的主体，调动学生各种器官来获取知识，特别要培养学生的动脑和动手能力。

5. 启发引导式教学有力于培养学生的学习积极性和主动性

教师的启发引导可使学生在学习过程中遇到困难时，得到教师的暗示，避免走弯路成误入死胡同。路还是要学生走，这种启发和引导是起"火把"作用的。

6. 使用声像教材，借助现代化教学手段

可将大量的案例材料、鲜活的人物形象、具体的活动过程通过画而直接作用于学生的感官,学生获得会更多。

7. 寻找机会组织带领学生参加社会实践

带领学生迈出校门,走入社会,做调查、听报告,实地走访,而后对获得的信息进行分析比较,形成文字,将书本上的材料与实际的对证。

## 五、教学策略

1. 保持健康、积极的心理状态,相信事在人为,善待自我,将自我完善经常化

心态是人情绪和意志的控制塔,心态决定行为的方向和质量。保持快乐的情绪需要正确地认识和评价自我,突破思维定势,进行积极的自我调适,自我鼓励,不让生气惩罚自己。教育就是教人育心,一个拥有快乐心态的人,看孩子时,更多的是看到他的优点,而一个不快乐的人,看到的更多是孩子缺点。作为家长,要想让孩子快乐,与其拼死拼活给孩子攒一笔财产,不如培养孩子从小有个积极的心态,永远微笑着看世界。作为教师,要想让学生快乐,就应遇表扬的事高声地说,批评的事幽默地说;紧张的事轻松地说,严肃的事和蔼地说;激励人的事动情地说,伤害人的事坚决不说;现在的事做了再说,未来的事将来再说。

2. 赏识学生,引导学生学会感恩,学会尽责,时刻保持一颗平常心

常怀感恩心,永驻尽责志,坦然面对得失,承认美中不足是常态,这是快乐人的快乐秘笈。拥有感恩的心,能发现事物的美好,感受平凡的美丽,能以坦荡的心境、开阔的胸怀来应对生活中的

酸甜苦辣，那么平淡的生活也会焕发出迷人的光彩。生活中，成败不必问，得失不必究，只要用心至真、用情至深，尽到了自己应尽的责任和义务，其过程和结果都是幸福快乐的。人与人在相互交往中要以赞美别人的优点、长处为快乐，为朋友众多且贤良能干而快乐，为别人的快乐而快乐。事实上在赞美别人的快乐的同时，也有向别人学习的心理，这是有益的快乐；而以骄奢淫逸、贪图富贵、损人利己为快乐则是有损身心健康的快乐。

3. 学会调整自己的心情，能够换个角度看问题，换副"眼镜"看世界

"把每个人看成天使，自己便感觉生活在天堂里；把每个人看成魔鬼，自己便感觉生活在地狱里。"有这么一个故事：一位老太太有两个女儿，一个嫁给做伞的，一个嫁给做面的，于是这老太太天天愁容满面、长吁短叹，天晴时为做伞的女儿没生意而忧，天雨时为做面的女儿没生意而愁，终于有人告诉她：天晴时为做面的女儿好生意而喜，天雨时为做伞的女儿生意好而乐。从此再也听不到老太太的叹气声了。其实快乐就这么简单，只要换个心情，换个角度！特级教师魏书生老师在这方面颇有思考，他在引导学生写《谈学习是享受》的文章时，引导学生变换 100 个不同角度去考虑，成功地从"背书是享受"、"考试是享受"、"上课是享受"、"阅读是享受"等 100 个方面让每位学生深切地感受到了学习的快乐。

4. 保持乐观的生活态度、高雅的生活情趣和良好的生活习惯，追求自我价值的最大化

这是追求深层次的快乐。"智者乐水，仁者乐山。智者动，仁者静。智者乐，仁者寿。"那些聪明仁爱的人，总能从大自然中找

到快乐，体验高雅的生活情趣，懂得拥有快乐，让身心处于积极状态。"知心姐姐"卢勤常告诫孩子们：爱是一个口袋，往里装是满足感，往外拿是幸福感、成就感。人只有在帮助别人的过程中，才能更好地体现个人的价值，才会觉得自己很重要，从而体验到助人的快乐。

5. 学会倾诉，学会倾听，诉出心头的苦，说出心中的爱，走进孩子的心灵

爱，真的需要说出来，美好的情感当你说出来时，也会唤起别人同样美好的情感。人有快乐也都本能地希望与他人共享，把快乐跟人共享，快乐就会加倍。同样，有了痛苦你就喊，它可以释放心头的忧愁和恐惧，把忧愁与人诉说，忧愁就会减半。斯宾塞认为，不管怎样的学生，他都需要交流，他都有一个属于自己的世界；孩子的内心世界有动物、有人物、有梦境、有情绪。于是他发明了"走进孩子内心的 12 张卡片"，在类似扑克牌上写问题给孩子抽，让孩子讲讲自己担心或快乐的事、自己的期望或心愿，家长也跟着抽，也回答问题，跟孩子交心，跟孩子一起解决问题，12 个问题让人们走进孩子的内心，成为了他们的朋友。人们把这个游戏叫做"斯宾塞纸牌"。

6. 实现教育内容与形式的活动化、生活化、生态化

游戏活动是孩子的天性，采取活动化、生活化、生态化的形式来传递教育的信息，是深受学生欢迎的，也是最行之有效的。如"智慧风铃"在音乐中学语言；"一把植物的种子"作自然观察整理成自然笔记；"家中的小地图"培养方向感、地理观；"数字跳房子"学数学……把教育的目标付诸内容丰富、形式多样的趣味活动中，能消除学生对学习的恐惧感，获得求知过程的愉悦感，

享受学习带来的成就感。

## 六、课堂教学方法

（一）讲授式的教学方法

1. 定义：教师主要运用语言方式，系统地向学生传授科学知识，传播思想观念，发展学生的思维能力，发展学生的智力。

2. 具体实施形式：

(1)讲解教学方法

(2)谈话教学方法

(3)讨论教学方法

(4)讲读教学方法

(5)讲演教学方法

3. 运用讲授式教学方法的基本要求主要体现在下述几个方面：

(1)科学地组织教学内容。

(2)教师的教学语言应具有清晰、精练、准确、生动等特点。

(3)善于设问解疑，激发学生的求知欲望和积极的思维活动。

（二）问题探究式

1. 定义：教师或教师引导学生提出问题，在教师组织和指导下，通过学生比较独立的探究和研究活动，探求问题的答案而获得知识的方法。

(1)问题教学法

(2)探究教学法

(3)发现教学法

2. 运用发现教学法与探究教学法时，应注意以下几方面的

要求:

(1)努力创设一个有利于学生进行探究发现的良好的教学情境。

(2)选择和确定探究发现的问题（课题）与过程。

(3)有序组织教学，积极引导学生的探究发现活动。

3．问题探究式教学方法的实施的基本步骤:

(1)创设问题的情境

(2)选择与确定问题

(3)讨论与提出假设

(4)实践与寻求结果

(5)验证与得出结论

（三）训练与实践式

1．定义: 通过课内外的练习、实验、实习、社会实践、研究性学习等以学生为主体的实践性活动，使学生巩固、丰富和完善所学知识，培养学生解决实际问题的能力和多方面的实践能力。

2．训练与实践式教学方法中的各种具体教学方法的内涵和基本要求

（1）示范教学法

在教学过程中，教师通过示范操作和讲解使学生获得知识、技能的教学方法。在示范教学中，教师对实践操作内容进行现场演示，一边操作，一边讲解，强调关键步骤和注意事项，使学生边做边学，理论与技能并重，较好地实现了师生互动，提高了学生的学习兴趣和学习效率。本课程中示范教学主要应用于创造变异方法的教学中。如各种作物的杂交自交技术、人工诱变技术、原生质体的分离、杂交技术、基因工程操作技术等。

（2）模拟教学法

是在模拟情境条件下进行实践操作训练的教学方法，模拟教学法通常在学生具备了一定的专业理论知识后，实践操作前进行。本课程实践教学严格受作物生长季节的限制，一个完整的实践教学项目实施至少需要一个生长季节，甚至几年的时间，因此，教学中应注重模拟教学法的应用。本课程模拟教学法主要应用于杂交亲本的选择、杂种后代的处理等实践教学项目。

（3）项目教学法

以实际应用为目的，通过师生共同完成教学项目而使学生获知识、能力的教学方法。其实施以小组为学习单位，步骤一般为：咨询、计划、决策、实施、检查、评估。项目教学法强调学生在学习过程中的主体地位，提倡"个性化"的学习，主张以学生学习为主，教师指导为辅，学生通过完成教学项目，能有效调动学习的积极性，既掌握实践技能，又掌握相关理论知识，既学习了课程，又学习了工作方法，能够充分发掘学生的创造潜能，提高学生解决实际问题的综合能力。本课程作物育种目标制定、杂种后代单株选择、株系选择、自交系配合力测定等均可应用项目教学法。

（四）基于现代信息技术的教学方法

1. 现代教学媒体的分类

现代教学媒体根据人接受信息的感官不同，可以分为视觉媒体、听觉媒体、视听媒体和交互媒体等。

2. 现代信息技术可以实现多方面的教学功能，其中主要的方面体现在：

(1)再现功能

(2)集成功能

(3)交互功能

(4)虚拟功能

## 七、事例

莱昂纳多·达·芬奇，是意大利文艺复兴时期的一位画家，也是整个欧洲文艺复兴时期最杰出的代表人物之一。他是一位思想深邃、学识渊博、多才多艺的艺术大师、科学巨匠、文艺理论家、大哲学家、诗人、音乐家、工程师和发明家。他几乎在每个领域都作出了巨大的贡献。后代的学者称他是"文艺复兴时代最完美的代表"，是"第一流的学者"，是一位"旷世奇才"。他创作的《蒙娜丽莎》肖像画和《最后的晚餐》壁画是人们所熟知的名画，在世界各地广泛流传。

1452年，达·芬奇出生在意大利佛罗伦萨附近的芬奇镇。他的父亲是一名律师，名叫比埃罗。小时候，他的家里还比较富裕。母亲是一位贫苦的农妇，名叫特丽娜。达·芬奇出生后不久，父母离婚，母亲离开了他，他是在父亲的抚育下成长起来的。达·芬奇的童年是在祖父的田庄里度过的。孩提时代的达·芬奇聪明伶俐，勤奋好学，兴趣广泛。他歌唱得很好，很早就学会了弹琵琶，他的即兴演唱，不论歌词还是曲调，都让人惊叹。

儿童时代的达·芬奇，喜欢大自然的景色，经常攀登悬崖，并且对画画很感兴趣。有时，他独自一人坐在草丛中，用心地观看五彩缤纷的花草树木，饶有兴趣地描绘着那些花瓣和树叶的形状。他喜欢钻山洞，进去探索里边的秘密。每次从山洞走出来时，身上弄得脏兮兮的，他总要捉几个小动物出来，带回家里，仔细地观看，并且按照小动物的样子进行描绘。开始画得有些四不像，但是时间久了，他画的那些东西渐渐有了画意，镇上的人们都称他"小画家"。达·芬奇的家庭是当时佛罗伦萨有名的望族，父亲比埃罗希望达·芬奇像自己一样当律师，可后来发生了一件事情而使比埃罗改变了想法，决定让达·芬奇学画。

有一天，邻近村上一位农民拿着一块木板来到镇上，交给了比埃罗，说："请你家的小画家在上面画些东西。"比埃罗当即答应了，但不知是什么原因没有告诉儿子。过了一些天，达·芬奇发现家里有一块木板，就将它刨平，用锯锯成一个盾牌。盾牌做成之后，他看到上面什么也没有，不大好看，便想在上面画点画。画什么呢？他想来想去，就将自己最熟悉的小动物画了上去。画成后，他拿去给父亲看。父亲看到上面画的有蛇、蝙蝠、蝴蝶、蚱蜢，还有一些叫不出名字来的小东西。不仅数量多，而且结构合理，形象逼真。比埃罗高兴极了，心想孩子可能真的有画画的天赋，他决心支持孩子去学习艺术，把孩子培养成为一名画家。

一天，父亲带上达·芬奇的写生画去看望居住在佛罗伦萨的老朋友委罗基奥，想请他看看孩子是否有培养前途。委罗基奥是一位多才多艺、学识渊博的巨匠，也是佛罗伦萨的著名艺术家。他擅长绘画和雕刻，同时还是手饰匠、工程师和音乐家。他的画室是当地最好、最先进的画室之一。他看了达·芬奇的画，特别是当知道了这孩子完全是凭自学画成这些画时，十分惊奇。委罗基奥掩饰不住兴奋的心情，对达·芬奇的父亲说，这是一个大有培养前途的孩子，应该快点把孩子送来，他愿亲自教授系统的绘画和雕刻知识。父亲听后喜出望外。于是，14岁的达·芬奇拜委罗基奥为师，进入画室学艺。委罗基奥循循善诱，要求严格，对其学业极其负责。他的教学方法也很特别，强调基本功训练。

达·芬奇来到画室后，他并没有马上教达·芬奇绘画，第一堂课是学画蛋。达·芬奇心想，不就是画鸡蛋吗？他把老师给的鸡蛋小心地放在桌上，一丝不苟地照着画起来。第一天画蛋，第二天画蛋，第三天还是画蛋……时间一天天地过去，每天反反复复地重复着一种图案，枯燥得很。画着画着，达·芬奇的疑问越来越多，这个鸡蛋有什么好画的，需要我练这么久？

终于，有一天他忍不住向老师问道："老师，为什么总是要我画蛋？什么时候才能画完呀？"

"你可别看轻小小的鸡蛋。"老师说，"在1000个鸡蛋里，从来没有两只形状完全相同的。即使是同一个蛋，只要观看的角度不同，照射的光线不同，它的形状也不一样。让你多画蛋是为了训练你观察和把握形象的能力，使你能够随心所欲地表现一切事物，这样才能把画学好。"

达·芬奇听了恍然大悟。老师的话使他一下子明白了许多道理。他为自己的无知感到惭愧，于是更加勤奋地苦练起基本功来。

由于老师的严格训练和达·芬奇的刻苦钻研，达·芬奇的进步很快。不出几年，他绘画的艺术技巧就超过了老师。老师也不得不佩服达·芬奇的勤奋和天分。欣慰之余，他决心把自己的知识和创作方法毫无保留地传授给这位得意门生，希望他能早日成为杰出的画家。

达·芬奇在刻苦学习绘画的同时，依然像过去那样怀着极大的兴趣向所有学有专长的人学习，同时还从事科学研究。他把艺术想象同科学认识有机地结合起来，用数学、透视学和解剖学等应用科学进行艺术试验，使当时的绘画艺术水平提高到了一个崭新的阶段。

## 第六节　青少年的学习态度和状态

### 一、学习态度的内涵

学习态度是指对学习的态度，是指学习者对学习较为持久的肯定或否定的行为倾向或内部反应的准备状态。

所谓学习态度，一般是指学生对学习及其学习情境所表现出来的一种比较稳定的心理倾向。它通常可以从学生对待学习的注意状况、情绪状况和意志状态等方面加以判定和说明。学生的学习态度，具体又可包括对待课程学习的态度、对待学习材料的态度以及对待教师、学校的态度等。学习态度由认识、情感和行为意向3种心理成分构成。认识成分是指学生对学习活动或所学课程的一种带有评价意义的认识和理解，它反映着学生对学习的价值的认识，它是学习态度的基础。情感成分是指学生伴随认识而产生的情绪或情感体验，如对学习的喜欢或厌恶等，由于情感本身就反映出学生的学习态度，因此，情感成分是态度的核心。行为意向成分是指学生对学习的反应倾向，即行为的准备状态，准备对学习作出某种反应。一般说来，学习态度的上述3种成分是相互协调一致的。

## 二、学习态度的表现

学习态度有端正和不端正之分，比如学习认真、扎实，勤奋好学，刻苦努力，上课精力集中、认真听讲，努力做到融会贯通、举一反三，课后按时完成作业、力求正确无误，在各门课程的学习上一丝不苟、求真务实，力求全面发展等，就是学习态度端正的表现。相反，不求进取，及格就行，学习仅仅是为了应付考试及家长和教师的检查，作业不认真，在学习上怕苦怕累，贪玩，不愿学习，借故请假、旷课甚至逃学等，都是学习态度不端正的表现。学习态度端正与否，是影响学习效果的一个重要因素。

## 三、学习态度的结构

学习态度一般由对待学习的认知因素、情感因素和意向因素构成。

（一）学习态度的认知因素

是指学习者对学习的目的、意义的理解，对学习对象、学习内容和学习结果带有评价意义的观念和信念。基于对学习的正确理解，相应的学习态度也往往是积极上进的；相反，基于对学习的错误理解，相应的学习态度也多半是消极的、错误的、不求进取的。

（二）学习态度的情感因素

是指伴随着学习态度的认知因素而产生的情绪情感，是学习对象、学习内容和学习结果的客观效价与学习者的主观需要之间关系的反映。凡是有利于满足学习者主观需要的学习对象、学习内容和学习结果，都能引起积极肯定的情绪情感，否则就会产生消极否定的情绪情感。学习对象、学习内容和学习结果能够引起什么样的情绪情感，不仅取决于学习对象、学习内容和学习结果的客观效价，并且在很大程度上取决于学习者的理解程度。

（三）学习态度中的意向因素

是指指向学习对象和学习活动的反应倾向，表现为学习的欲求和指向。一般来说，学习态度中的认知因素是其情感因素和意向因素产生的前提，没有认知就没有情感，也无所谓意向。学习态度中的情感因素是认知因素和意向因素的动力，没有情感因素就没有认知因素的深化和意向因素的强化，因而情感因素是构成学习态度的核心要素。而意向因素则是认知因素和情感因素的集中体现，没有意向因素，就没有行动，也就体现不出学习态度的效能。通常学习态度中的认知因素、情感因素和意向因素之间互为条件，相互制约，协调一致，构成统一的学习态度，对学习效果发生影响。同时三者之间也存在着差异性或矛盾性。比如对学习的重要性是理解的，但存在着厌倦心理，懒于学习，表现为消极的学习态度。这表明对小学生进行学习态度辅导要从多方面入手，既要重视提高小学生对学习的认知，又要重视在学习的过程中多方面地丰富小学生学习的情感体验，强化其学习意向，指导其学习行为，从而形成正确有效的学习态度。

## 四、学习态度对学生学习的影响作用

（一）学习态度调节学生的学习行为

学习态度对学习行为的调节，首先表现在对学习对象的选择上。对此心理学家琼斯进行了如下的实验研究：他们以两组美国南部的白人大学生为被试者，第一组平时所表现的态度是反对种族歧视，反对黑白人分校。第二组为种族歧视者，主张黑白人分校。实验过程是，让被试者朗读 11 篇反对黑白人分校为主题的文章。然后请被试者将所读过文章的内容尽力完整地写出来。结果发现，第一组学生，即学习材料与自己的态度一致者，成绩明显优于第二组。换言之，与既存态度相吻合的材料，容易被吸收、同化、记忆，而与个体的信念、价值观违背的材料，则容易被阻止或歪曲。由此可见，态度具有某种过滤的作用。

学习态度调节学习行为，还表现在学生对学习环境的反应上。当学生在学习态度与教学环境上保持一致时，就积极努力地学习。但如果由于某些原因对学习环境（如教师、学校等）产生不良态度时，则会回避学习环境并产生不利于学习的不良行为，如逃学、反抗等。

（二）学习态度影响着学生的学习效果

学习态度对学习效果的影响作用，已被许多实验研究所证明。心理学家麦独孤和史密斯早在 1919 年就在一项实验中发现，积极的学习态度对学习速度有促进作用。1952 年卡利在总结一项实验研究时指出，男女大学生对解决问题不同的态度，直接影响解决问题的效果。

我国心理学工作者近些年来曾对小学生的学习问题进行了实验研究。研究结果表明，学生的学习态度不仅直接影响学习行为，而且还直接影响着学习成绩。那些喜欢学习，认为学习很有意义的小学生，上课注意听讲，按时完成作业，学习成绩优良。相反，而那些对学习不感兴趣，认为学习无用的学生，课堂行为问题多，学习成绩也差。

据上述研究结果可见，学生学习态度的好坏与其学习效果密切相关。在学校情境里，如果其他条件基本相等，学习态度好的学生，其学习效果总是远胜于学习态度差的。

（三）学习态度影响学生的忍耐性

所谓耐受力，是指一个人受到某种挫折时，能摆脱其困扰而免于心理和行为失常的能力，也就是个体能经得起打击或经得起挫折的能力。有关研究和实践都证明，一个人对挫折的耐受力与其对引起挫折的事物的态度密切相关。而学生在学习中对所受挫折的耐受力，则与学生的学习态度密切相关。例如，一个认为学习很有意义、喜爱学习的学生，当他（她）在学习中遇到这样或那样的困难与阻力，即遇到挫折时，耐受力就高，表现出吃苦耐劳、百折不挠和勇往直前的精神。相反，一个认为读书无用、对学习本来不感兴趣的学生，学习中遇到困难或遭受失败时，耐受力就低，往往表现出灰心丧气，甚至一蹶不振。

## 五、当代青少年存在的学习态度

1. 上课时，头脑里往往会想些别的事，以至老师讲解的许多内容，我似乎都没有听到。

2. 在考试时，我常常会想起考试失败可能引起的后果。

3. 上课时我总是聚精会神地听老师的讲解。

4. 准备考试时，我先写好各道复习题的答案全文（或抄别人的），然后把它背熟，以便考试时能全部默写出来。

5. 某些主要学科或一门学科中特别重要的或特别难学的章节，

我总争取作预习（在课前或前一天晚上）。

6. 我的记忆力还不错，背诵一篇课文或记住学习的内容，对我来说，不是太困难的事。

7. 我平时没有订什么学习计划，即使是寒、暑假期间或温书迎考阶段也是这样。

8. 阅读课本或其他读物时，我自己很少用红蓝笔或其他笔画线、做记号。

9. 每天晚上我复习当天功课，完成当天作业已经都来不及了，所以第二天的功课，我一般都不预习。

10. 准备考试时，要我自己根据教科书预先写出复习题答案，我感到困难。

11. 在寒暑假期间，我常常要制订一个学习计划并努力按计划去学点新知识。

12. 要背诵课文时，我常常在诵读几遍之后就开始试背，然后再打开书诵读几遍，再试背，也就是让诵读和尝试背诵交错进行。

13. 老师呈现的挂图、模型、标本或进行的演示实验，我也想看清楚，但是，如果看不清楚，我也就算了；至于它说明什么问题，我就注意得不够。

14. 学过的知识我倒记住不少，知识在我头脑里显得比较乱，以至要用时，又找不到。

15. 作业中有些不好解答的题目，我总要自己尽力想法解答，不到万不得已，不去问老师或同学。

16. 我常常把一些我认为写得好的文章（包括语文课本中的课文）反复诵读。

17. 学习时，我时常把教材内容分解为若干部分或若干要点。

18. 考试后全班最好的成绩是什么分，是谁，我总是特别感兴趣。

19. 我常常由于能有条理、扼要地回答老师的提问而受到表扬。

20. 上课或自己复习功课时，我常常觉得时间过得很慢。

21. 学习时，我不仅能够弄清楚各个部分、各个要点的意思，而且能较快地弄清各部分、各要点之间的联系和关系（例如，读语文，不仅弄懂各段落的意思，而且很快就弄清各段时间的联系）。

22. 在课堂上，老师呈示的挂图、模型、标本或进行的演示实验，我总是争取看得清清楚楚，弄明白它说明什么问题或可以得出什么结论。

23. 语文课本中的课文，我很少去反复诵读，我认为只要会解释，懂得大意，做做作业就行了。

24. 我在阅读报纸、小说或其他课外读物时，要出声地或默默地一个字一个字地读下去，所以速度比较慢。

25. 复习功课时，我总喜欢把课文中有关的字句、段落全部记住或背下，尽量做到考试时不漏掉什么。

26. 我不善于言辞，在课堂上回答老师提问或在小组讨论中发言，往往不能把自己想说的话有系统地、抓住重点地表达出来。

27. 上课时，我尽力想象老师所讲的某些内容，也就是说，如果有可能的话，我就把老师所讲的内容，变成形象在头脑中显示出来。

28. 我一般是没有先复习功课，就动手做作业。

29. 学习时，我偏重于理解，不大重视记忆，以至有些重要的定义、定理、公式、结论，我能理解却记不熟。

30. 学习某种材料时，我常常是整篇读下去，如果要我把它分解为若干部分或要点，我就感到困难。

31. 做作业时碰到难题，我常常找其他人帮助解决，免得自己花太多时间去琢磨。

32. 虽然我重理解，不爱死记课本中的字句，但对一些关键性的词语或公式，我还是努力记住、记熟。

33. 上课时，老师讲的许多具体事例，我似乎也能听懂、记住，但是，要我用简单的几句话加以概括，我又感到困难。

34. 有些作业我不会做，老师又要求按时交，我只好去抄同学的。

35. 做问答题时，我往往心里觉得都理解了，可是动笔去写又写不好。

36 写文章或做问答题时，我常常先列出大纲或要点（同还对列出的要点进行增删、调整），然后才下笔去写。

37. 阅读一篇文章或课文时，我能够迅速地抓住各段的段落大意和全篇的中心思想。

38. 我尽量做到当前的功课当天就进行复习并做完作业。

39. 我重在平时复习，考试前夕倒不怎么紧张，有时反而去玩一玩，让头脑休息休息。

40. 上课时，我尽力控制自己专心听讲，但是，许多内容我还是听不懂、听不进去。

41. 我很怕写作文，即使写一篇短文，我也感到困难。

42. 我平时没有时间去复习各种功课，一般都是老师要考哪一科我才去复习哪一科。

43．我喜欢地理学习，独立思考，但遇到问题时我也喜欢和同学一起讨论。

44．听老师讲解一种知识时，我自己往往还联想起与此有关的一些知识或事例。

45．写作文或做问答题时，我往往没有把要写的内容在头脑里先组织一下，就拿起笔写，也就是说，往往没有想清楚就动笔写。

46．由于我做作业做得慢或比较贪玩，所以时常不能按时完成作业。

47．我很重视书上说的各种实验，尽力想象实验进行的实际情境。

48．上课时，有时老师要讲的内容还没有讲完，我就知道他要说什么或要作出什么结论。

49．学习时，我经常把新材料和已有的知识经验联系起来。

50．复习功课时，我一般都按书上的字句去记，考试时，也力求按书上原来的字句去写，如果要我用自己的话去写，我就感到很困难。

51．学习成了我的沉重负担，我最好快一点毕业，快一点离开学校。

52．我学习时，很少提出问题，有些教材我读不懂，往往也提不出明确的问题。

53．对实验课，我不大重视，而且我也不怎么喜欢动手去做实验。

54．学习比较抽象的材料时，我总是努力联系实际，或举出一些具体的例子去说明它。

55．读书时用笔画线做记号是一件很困难的事，因为我往往分不清哪些地方该画，哪些地方不该画。

56．听课时，我往往把不理解的问题或联想起来的问题记下。以便课后进一步思考、弄清。

57．老师布置的作业我总是努力按时完成。

58．考试时，我常常是很紧张的，以至有些本来会做的题目也做不来，或做错了。

59．由于种种原因我很难每天在固定的时间开始做功课。

60．我能够把详细的教材缩写成提纲，当必要时（如考试时），我又能根据提纲进行发挥，写出详细的内容。

61．上课时，我专心听讲，紧紧抓住老师讲解的线索，积极思考老师所讲的内容。

62．学习理、化、生物、地理学科，我不单用头脑想，只要可能，我总是动手去试做一下。

63．听老师讲课时，我总喜欢动笔记一些要点、纲要。

64．在老师提问或小组讨论时，我虽然有自己的见解，也不敢当众发表出来。

65．数、理、化的教材，都要老师讲解，我才能理解，如果让我自学，有很多地方我是读不懂的。

66．学习时，我不满足于记住有些定理、公式、定义、结论，我总是想法弄清它们是怎么得出的。

67．在回答问题时，我喜欢根据自己的理解，用自己的话去回答，很少硬背课本上的字句。

68．我的书桌总是整理得整整齐齐，各种总学习用品总是放在固定的位置。

69．我喜欢把学到的知识用以解决或解释生活上或课外活动上碰到的问题。

70. 我认为学习时能记住定理、公式、定义、结论就可以了，至于它们是怎么产生的（论证的过程）我往往不够重视。

71. 在上课或听报告时，我能够把老师讲的内容扼要地、系统地记下来。

72. 考试时，我总是先把考题看一遍，把容易做的或得分多的题目先做了，把难做的题目留到最后去想。

73. 在学习时，我总是力求弄清教材中各部分、各要点之间的联系或关系。

74. 学过的一些定理、规则或概念的定义，我还能记住，只是在做作业时或碰到实际问题时，我往往不知道怎么用。

75. 上课时或在小组讨论时，我有了问题，也不敢当场提出。

76. 在准备考试时，我常常先提一些问题考自己，看看准备是否充分了。

77. 我学习一种新知识或一种新事物时，很少想到要把它和已有的知识或其他事物进行比较。

78. 我的学习用品随便放，以至要时常常找了好久。

79. 做数学练习，我比较喜欢做试题，而不喜欢做应用题，我觉得应用题比较难做。

80. 我有时定了学习计划，但往往不能按计划去做。

81 我每天总是在一定时间复习功课，完成作业。

82. 在准备考试时，我常常根据教科书写出各道复习题的答案要点（不是全文）。

83. 发回的卷子或作业，如果有做错的，我总要弄清楚为什么错了，怎样做才对。

84．我极少运用参考书和词典。

85．在复习功课时，我喜欢把详尽的材料变成简要的提纲，以便更好地记住。

86．我常常把学到的各种知识进行比较，发现它们之间的异同和联系。

87．听老师讲课时，我有时也想做些笔记，但我一去记笔记，老师讲的内容我就听不清楚了。

88．在阅读报纸、小说或某些课外读物时，我不需要一个字一个字地读，而能一个分句或一个整句地读（即眼睛一看就能把握一个句子的意思），所以速度比较快。

89．在准备考试时，我不是系统、全面地复习，而是猜想老师可能出什么题，然后有重点突击一些内容。

90．我觉得学校里学到的知识，尤其是理科的知识，在生活上用处是不大的。

91．复习功课时，我常常把学过的知识列成表或画成图，借以揭露各种知识（如各种概念、定理、公式、事物的特性等）的区别和联系。

92．学过的各种知识，我一般都能有条理、有系统地保存在脑子里，所以，用到某一概念或定理时，我能很容易地找到它。

93．老师发回的卷子或作业，一般我只关心得了多少分，或粗粗地看一下哪道题对，哪道题错，而不注意去弄清楚错在哪里、怎样做才对。

94．一般说来，考试时能得个"良"（或80分左右）的成绩，我就很满意了。

95．我重视学习经验的总结，并时常和同学交流学习经验。

96. 我的记忆力不好，学过的材料常常记不住，或记不清楚。

97. 学习时，我喜欢思考，即使很难理解的材料，我也总要想法把它彻底弄懂。

98. 我在动手做作业之前，总是先把功课认真地复习一遍，弄懂教材的内容。

99. 我挺喜欢学习，学习使我每天都在增长知识、开阔眼界。

## 六、影响学生学习态度的因素

（一）家长

社会心理学的研究表明，个人态度总会受到社会上他人的态度的影响。这种影响主要表现在两个方面：一是个人态度的形成要受到他人态度的影响。如一个孩子对艺术或体育活动的态度，常常受其父母对艺术或体育活动态度的影响；二是个人固有的态度也可因他人态度的影响而加强或减弱，抑制或改变。例如，通过学习张海迪等先进人物的活动，也可能使人们旧有的人生态度发生根本变化。就学生学习态度的形成来说，首先受其家长态度的影响。家长对科学文化知识的态度，对待子女学习的重视程度，在很大程度上影响着他们子女的学习态度。一些研究指出，大多数热爱学习、学习积极性高的学生来自重视文化知识的修养、求知欲高的家庭。这类学生的父母，大多是中高等学历水平。相反，大多数不爱学习，学习成绩差的学生，其父母学历很低，轻视文化科学知识的价值。另外，从许多经验和日常生活观察中还可以发现，那些关心子女的学习进展情况，对孩子的学习态度和学习行为不断给予指导、检查和奖惩的家长，促进了孩子积极学习态度的形成和学习成绩的提高。相反，在对孩子的学习不闻不问、任其自由发展的家庭环境中长大的学生，很少有积极的学习态度和获得优秀的学习成绩。

（二）教师

学生的学习态度，除受其家长影响外，更受到教师的影响。教师是教育者，处于为人师表的地位，因而他们的态度对学生学习态度的形成具有更大的影响作用。教师对所教学科的态度，即对所教学科的实用价值重要性的理解，在传授学科知识时表现出的热情，对学科进展成果的关心等，必然影响学生对该学科的态度。一位心理学家曾测量了 45 名初中一年级代数教师和他们所教的 1063 名学生对代数的态度，结果发现教师和他们所教的学生，不仅对代数的态度是一致的，对代数的实用价值的评价也是完全一致的。

教师与学生之间的关系是否融洽也是影响学生学习态度的一种不可忽视的重要因素。如果师生关系和谐、融洽，学生喜欢任课教师，认为该教师对学生热情、平等、关心，并且有很高的教学水平，那么学生就喜爱他所教的那门功课，乐意接受他所讲授的课程，从而产生积极的学习态度。相反，如果师生关系紧张，学生不喜欢某一教师，认为该教师对学生不友好、不关心、不公道，知识水平不高，学生就会对该教师产生反感、惧怕或抵触情绪，并进而发展到厌烦该教师所教的那门功课，对该门功课的学习采取消极态度，如课堂上不愿听讲，对教师提出的课堂问题和布置的作业有时也不喜欢，甚至被拒绝。在这种情况下，教师则构成了学生与学习之间的障碍。

（三）教学过程

教学过程中所涉及到的学科内容、组织形式以及课堂情境等，都会直接影响着学生的学习态度。许多研究表明,以不同教学形式和各种课堂活动情境下呈现出的生动有趣的教学内容,最能引起学生的兴趣,使学生产生积极的情绪体验,从而形成或改变其学习态度。相反,而在沉闷的课堂情境中,那些枯燥无味的学习内容、单调的教学形式最易使学生产生并形成消极的学习态度。在教学过程中,教师的教学方法以及教学艺术对学生的学习态度有着更为重要的影响。如教学实践中常可看到,当有的教师走进课堂时,学生的学习热情陡然高涨,学习兴趣油然而生,学习的注意力高度集中。学生的这种积极学习态度往往与这些教师生动、活泼的教学方法和高超的教学艺术密切相关。而有的教师一上课,学生就昏昏欲睡,盼望早点到下课时间,学生的这种消极学习态度,正是由于这些教师的教学方法呆板、讲授时照本宣科、强压硬灌所造成的。

(四) 社会风气

青少年学生不可能与社会隔绝,所以他们的学习态度除主要受家长、教师、教学过程等因素的影响外,还会受到社会风气的影响。由于青少年学生的品德、价值观念等正处于形成过程中,所以他们既容易接受良好社会风气的影响,同时也容易接受不良社会风气的影响。如目前社会上图实惠、就业挑好工作,靠"走后门"等不良风气,就影响着学生对学习的正确认识,甚至扭曲了少数学生的心灵,他们受此影响变得目光短浅,错误地认为"学与不学,学习好与坏都一个样",因而学习态度变得消极,常常是人在学校,心里仍在校外,学习被动,考试作弊,整天混日子,有的甚至弃学从商,弃学学艺。

## 七、如何树立正确的学习态度

（一）通过说服，转变学生对学习的认识

认识成分是态度的基础，学生积极的学习态度首先来源于对学习的科学认识。而学生的种种不良学习态度，往往是因对学习的某些错误认识而造成的。因此，转变学生的不良学习态度，首先要转变学生对学习的种种错误认识。

目前，社会上出现的"脑体倒挂"现象，某些不正之风以及"下海"潮的涌起，对部分学生产生了不利的影响，致使他们错误地认为："学习好与坏都一个样"，"在校读书不如早去挣钱"，"没有文化知识照样也能挣大钱"等等。这些错误认识，导致他们学习态度消极，个别学生甚至发展到"厌学"、"弃学"。要转变这些学生的消极学习态度，教师就要通过说服的方法，改变他们对学习的这些错误认识。在说服过程中，教师要教育学生自觉抵制社会上只图眼前实惠等不良风气的影响。教育学生放眼未来。引导他们纠正目光短浅的低水平动机。另一方面，教师要采取行之有效的方式，向学生提供有说服力的信息或实证材料来改变学生的错误认识，以转变其消极的学习态度。

（二）帮助学生在学习上获得成功，消除学习中的消极情绪体验

教育实践表明，有些学生不良学习态度的产生和形成，往往是由于他们学习中因多次失败和挫折而产生的多次消极情绪体验积累的结果。这些学生，由于他们智力较差，或学习方法不当，或刻苦努力不够，因此考试屡战屡败，深感积重难返，缺乏信心，形成严

重的挫折心理。而当他们受挫时，往往又得不到必要的鼓励、指点，受到的却是教师的批评、谴责、奚落的白眼，有的甚至还受到父母的打骂。这样日复一日在他们心理上形成了"学习即痛苦"的消极情绪反应。正是由于这种情绪上的原因，他们虽能在认识上懂得学习的重要，但还是有不爱学、不愿学，甚至逃避学习。

要转变上述这些学生的学习态度，教师就要正确对待他们：当他们学习上受挫，考试成绩不佳时，切忌进行谴责和奚落，以防止其消极情绪体验的产生。要帮助他们找出学习失败的原因，指导他们改进学习方法，增强其信心。更重要的是，教师要在教学过程中创造各种情境，使他们在学习上不断获得成功，以产生积极的情绪体验。心理学的研究表明，学生学习成功的次数越多，积极愉快的情绪体验也就越多。这就有助于逐渐消除他们因失败和挫折而产生的消极情绪体验，从而转变其消极的学习态度。

（三）改革教学方法，激发学生的学习兴趣

学生不良学习态度的产生，除上面所说的认识与情绪原因外，还与教师的教学方法有关。如有时学生对某门课程的学习产生消极态度，厌烦该门课程，往往正是该门课程的任课教师教学方法呆板，讲授内容枯燥乏味而使学生失去学习兴趣造成的。因此，教师改革其教学方法、激发学生的学习兴趣是转变学生学习态度的必要途径之一。

教师改革教学方法，最主要的是改变课堂上满堂灌的呆板教学形式。要运用启发式等教学方法，以启发学生积极思维。教师在改革教学方法的同时，还要讲究教学艺术。教学艺术包括很多方面，其中首要的是讲的艺术，即要使讲课内容具有准确性、条理性、逻辑性和启发性，使学生闻其一盼其二，听而思，思而疑，疑而问。同时教师在讲课时要注意声调的抑扬顿挫，讲授要生动形象，以增强教学内容的新颖性和多样性。以上这些，都有助于激发起学生的学习兴趣，使之愿意学，乐意学，积极主动地学，从而转变其学习态度。

（四） 制定学习目标

1． 确定你的长远目标

人生长期目标，是一个10年、20年甚至几十年为之奋斗的结果，应该定得比较远大一些，这样有利于发挥自己的潜能。但由于某些不确定因素的存在，人生目标不一定非常具体详细，只要有一个明确的方向就可以。

2． 制定中期目标

长期目标比较遥远，因此，应该分解成为一些中期目标，一般中期目标可以3～5年，高中学生可以"高考"为界。如"三年后进入什么样大学学习"等。

3． 制定短期目标

高中学生可以按照学年、学期为阶段来制定。短期目标不能和学校规定的学习任务相冲突，并且要综合考虑各科学习目标实现的可能性。从时间来看，短期目标可分为学年目标、学期目标、半学期目标等；从内容来看，短期目标可以分为数学、语文、外语等各科的学习目标。

4． 分析你的现状

制定目标为自己的未来勾画一个蓝图，描绘出到达最终目的的时间和要求，但究竟如何起步，还得从自身的现状出发。因此，要充分分析自己的目前情况。如自己有哪些优势和不足，如何发挥优势，克服不足，自己的各科潜能如何，是否已经充分发挥出来了，自己各科成绩如何，偏科情况如何，如何补救；自己的学习毅力和勤奋程度如何；自己的学习方法和学习效率怎样，需作哪些改进等等。

5. 制订行动计划

根据自己学习潜能、学习成绩、学习方法努力程度等实际情况，制订自己的行动计划，主要是明确自己将要在哪些方面采取什么样的措施。如在外语学习方面，要加大课外时间的投入，选择较好的英语参考书，提高阅读能力，增加词汇量；在语文学习方面，增加课外阅读书报量，逐渐丰富作文素材，提高作文能力。

（五）立即行动，向目标出发

我们的目标一旦确立下来，就一定要立即行动去实施它。坐着不动是永远提不高成绩的。想取得好的成绩，想成为天才优等生，就不能坐着不动，从现在开始，要"站起来！要行动！要立即行动！"因为取得成功的灵魂就是行动！

最不完善的行动，也要比束之高阁的最好的计划强上百倍。

人生最昂贵的代价之一就是：凡事等待明天。不要把希望寄托在明天，希望永远都在今天，希望就在现在。

立即行动！只有立即行动，才会让我们的梦想变成现实。只有立即行动，才会让我们超越对手，超越自己。


## 八、事例

华罗庚是我国著名的数学家。他从小刻苦学习，成了著名的学者。1950年2月，华罗庚带着全家悄然登上一条不大的邮船，离开生活了4年的美国。当他踏上祖国土地的时候，电波播送了他的

《告美国同学的公开信》。信中激情洋溢地写道："锦城虽乐不如回故乡，乐园虽好，非久居之地，归去来兮！"

华罗庚又回到了清华园，担任数学系主任。不久，被任命为中国科学院数学研究所所长。他百倍珍惜党和国家为科学研究提供的大好时光。他白天拄着拐杖到学校讲课，晚上以案板当书桌，在灯下从事数学研究，常常写作到深夜。有时，为了求证一个问题，他常常深夜从床上爬起，顺手拿起床头的报纸，在四周的空白处进行演算和论证。在他的屋里，桌上、床上、地上，到处都堆满了演算稿纸。他用毅力与勤奋，编织出成功和荣誉。

1956 年，他的重要论文《典型域上的调合分析》，荣获中国科学院第一批科学奖金的一等奖。随后，他的长达 60 万字的巨著《数论导引》问世了。这部著作，倾注了他多年的心血。国内外的数学界为之震动了。他带领的数学研究所，也已是人才济济、群星灿烂了。他们为征服解析数论、代数数论、函数数论、泛涵分析、几何拓扑学等不同学科，已经扬帆起航，并各有卓越的建树。震撼世界的哥德巴赫猜想的研究，就是其中一个突出成果。

1979 年 12 月，他在英国伯明翰大学讲学时，新华社记者访问了他，问他回国以后的计划和打算。他没有正面回答，而是说了以下一段话："在我几十年从事数学研究的生涯中，我最深的体会是，科学的根本是实。我虽然年近古稀，但仍以此告诫自己。"他沉默片刻又说："树老易空，人老易松，科学之道，戒之以松，我愿一辈子从实以终。这是我对自己的鞭策，也可以说是我今后的打算吧。"

"一辈子从实以终"，这种学习精神实在令后人钦佩！

# 第四章 心理学与学习效率

## 第一节 树立正确的学习兴趣

### 一、学习兴趣

学习兴趣就是学习者在学习过程中接触某种现象或某类知识后而产生的主观上的兴奋和快乐感，并形成对学习对象的心理上的指向性、倾向性。

有了兴趣会产生一种定向关注力、积极的学习态度和克服困难的学习行为。

孔子："知之者不如好之者，好之者不如乐之者。"

美国当代教育家布鲁纳指出：学习的最好刺激只是对所学材料的兴趣。

陶行之先生说："学生有了兴味，就肯定全副精神去做事，学与乐不可分。"

丁肇中教授说："任何科学研究，最重要的是要看对于自觉从事的工作有没有兴趣，换句话说，也就是有没有事业心，这不能有丝毫的强迫……"

## 二、学习兴趣的层次

有趣－乐趣－志趣

（一）有趣

是有外部新、奇、异的事物现象的直接刺激而产生的兴奋、快乐和好奇心理。多局限于事物的外部特征和现象上，当外部刺激消失，其快乐感下降，指向性逐步减退。因此这种兴趣是不稳定的、持续时间短的——最低层次的兴趣。

一般来说，人从儿时开始都带有一些"研究"精神。比如，小皮球拿在手里，他就要拍它、捏它、看它滚动，看它跳。若是捉到一只蝴蝶，就把它的翅膀拉下来，看看它的躯体究竟是怎么构成的。从儿童眼光来看，宇宙中的万物，没有一种不是新鲜有趣，值得玩弄、观察、研究的。可见，有趣往往是人为客观世界所吸引而产生的结果。

教师要从"有趣"开始，激发学生的学习兴趣。例如，初二物理讲到"沸腾与蒸发"一节时，教师这样激发学生的情趣：教师在讲台上放一盏酒精灯，然后举起一张纸问："这张纸，放到点燃的酒精灯上会不会燃烧？""当然会。""那么，用纸折成一只盒子放在灯上会不会燃烧？""肯定会。"教师将纸盒里装满了水，待纸盒湿透了，倒出水，放到点燃的酒精灯上，结果纸盒没有燃烧起来。学生说："这有些稀奇，纸盒湿掉了，当然不会烧起来。"教师问："为什么纸盒湿掉了，就不会燃烧呢？"此时，学生已处于心求通而不解，几欲言而不能的"愤"、"悱"的状态，急切地等待教师讲解。这时已激起了学生浓厚的学习兴趣。老师这时来讲授新课内容，教学效果必然会大大提高。

"有趣"有3个特征，这就是直观性、盲目性和广泛性。教师引发学生产生"有趣"要注意4点：一是问题要小而具体；二是问题要新而有趣；三是要有适当的难度；四是要富有启发性。

（二）乐趣

在有趣基础上形成的：它的指向性已不限于事物的表面，而是开始探索事物深层次的本质。它比有趣持续时间长，也较稳定。专注性进一步增深——中等层次的兴趣。

研究表明，学习兴趣与学生的基础知识有关，只有那些学生想知道而又未知道的东西才能激起学习兴趣。一种想要知道奥秘的愿望变成不可遏制的愿望，会激发人去行动。比如，伽利略年轻时，偶然看到教堂廊檐下挂的灯正在摆动，他出神地凝视着，觉得来回摆动的时间都一样，他按着自己的脉搏计算来往摆动的时间。这种学习兴趣，终于使他发现了摆的等时性。

兴趣往往也称为爱好，沿着爱好深入下去，就会使专一的兴趣变成癖好。我们从一些科学家成才的例子中看到，一个天文学家，在学生的时代夏夜纳凉，指北斗而定方向，按中星而记时辰，开始不过是觉得有趣而已。他进一步考察星座、认识星云、辨别行星、观测月球，见到四时不同，晨昏互异，兴趣就产生了。再进一步了解日蚀月蚀的原理，查证光年的距离，并且发现火星上的"运河"。这样深入研究，趣味更浓，于是对天文学发生了兴趣。兴趣是一种高尚的情操，兴趣是追求真理的第一步。学生产生了学习兴趣，就能唤起他废寝忘食的学习劲头。兴趣具有专一性和坚持性的特点。

（三）志趣

它的形成不单纯是外界事物的刺激，更主要的是与学习者的社会责任感、理想、人生价值观、信念、意志、性情等固有结合的产物。学习主体的指向性更加稳定、自觉、主动，而且当对外界刺激感到枯燥乏味时，也能够坚持下去，稳定性更强，持续时间更长——高层次的兴趣。

具有个性特征的学习兴趣，与高尚的理想和远大的奋斗目标相结合时，兴趣就发生了飞跃，而成为志趣。志趣是学习兴趣的归宿。志趣可以决定一个人的进取方向，奠定他事业的基础。因此教师新颖有趣、逻辑性强的教学内容，丰富多样、生动活泼的教学方法和格式变化的作业内容都可以不断地引起学生新的探究活动，从而激发起更高水平的求知欲。

## 三、主动培养学习兴趣

学习兴趣的培养：一方面需要依靠外界条件，如：社会、学校、老师、家长应尽最大的努力创造条件，能够刺激引起学生的学习兴趣。然而更主要更重要的是应自觉地主动地培养学习兴趣。学生不能把学习兴趣单纯地寄托在外部条件的刺激上，如：有个大学生主观上认为老师的感染力激发能力不行，就不听这个老师的课；高考时大家都坐在那学习，我也就学习，现在没有那个环境了，我也找不到感觉了；我看我们宿舍的人都不学习，随意逃课。我心烦，没有学习环境，我也学不好。——依赖性太强。

## 四、如何主动培养学习兴趣

（一）正确认识学习兴趣

正确认识不同层次的学习兴趣，自觉主动将自己的学习兴趣从有趣向乐趣、志趣发展。不时将学习兴趣仅仅停留在对知识表面的东西的理解，把兴趣与志向结合起来，才有稳定的兴趣。

（二）学会接受外界的理性刺激

一个大学生在学习过程中既要善于接受外界的感性刺激，又要学会接受外界的理性刺激来激发培养自己的学习兴趣。因在学习过程中给予你的不可能全都是强烈的新、奇、异的感性刺激，况且这些新、奇、异的东西，往往是表面的感性刺激。而所要学习到的知识，大量的是深刻的理性刺激，可能使人感到枯燥乏味，从而产生放弃兴趣的心理。在这种情况下的关键是绝对不能放弃外界感性刺激给你带来，或者外界感性刺激使你产生的那种快乐感和心理上的指向性、倾向性，如果放弃就会失去最低层次的有趣感觉。而是要在有趣的基础上自觉主动的去"悟"出知识中的理性的东西，从而使是有趣发展下去，形成高层次向上的学习兴趣。

（三）处理好学习中的"苦"与"乐"的辩证关系

学习是个辛苦的事，需要耐得住学习中的寂寞。学习既要凭兴趣，又不能唯兴趣去学习，还要依靠苦去学习。"苦"与"乐"是学习中的两个动因，缺一不可。只有与"苦"结合起来的"乐"，才是真正推动你学习的动力，才能成为稳定的学习兴趣。

脚踏实地完成目前的任务，执著追求人生的未来。这样你的学习兴趣就会越来越浓发展成为你的志趣，最终实现从"苦学"到"乐学"的转变。

下面谈几点看法。

1. 寓教于乐，趣味横生

寓教于乐，就是教师根据学生的心理特点，围绕课文内容实施愉快教学的一种手段。这种方法的设置，是为了有效的教学，从而达到激发学生学习兴趣的目的。例如，物理课上先放一段精彩的电视节目之后，问学生电视上为什么会出现图像，这样必然会引起学生求知的兴趣，学习积极性一定会提高。

2. 提问设疑，培养兴趣

著名教育家苏霍姆林斯基说过："学生对一眼能看到的东西是不感兴趣的，但对藏在后面的奥妙却很感兴趣。"例如，在历史教学中，就要从问题入手，善于设疑，引导学生思考。讲述秦朝经济文化时，可以提问学生：秦始皇为什么要统一度量衡、货币和文字？然后安排学生带着"疑"看书，产生兴趣。

教师设疑时，要做到由浅入深，由易到难，循序渐进，逐步引导学生思维，达到产生兴趣的境界。

3. 改进教法，激发兴趣

陈旧的教学方法早已成为过去，现代化的教学手段才是培养人才的捷径。

心理学研究表明，人的一切活动都是由需要、动机、兴趣所支配的。学习活动亦如此，学生只有对学习产生兴趣，自觉地进入学习状态，才能取得较好的成绩。而陈旧的教学模式却不能充分地开发学生内在的潜能。故此，终究要被淘汰，必然被新型的教学方法所取代。

4. 利用现代化教学手段，培养学生的学习兴趣

现代化的教学手段是刺激学生产生学习兴趣的良好策略，在各科教学过程中，我们都可以通过听录音、看录像、学微机等手段来培养学生的学习兴趣。

例如，学生为什么对学微机、上网很感兴趣，就是因为这门课有新、奇、美的特点。所以，我们可以通过电教媒体以及各种实验演示等，培养学生的学习兴趣，其效果则必佳矣。

（四）主动增强有意注意和专注力

心理学上的注意分为无意注意和有意注意。无意注意：是突发现象引起的无目的的指向。有意注意：有意识有目的的指向某一目标。有目的的指向性多次连续发生，就会观察和发现到注意对象中的某些奥秘，由此而引起自身的兴奋和快乐，反过来又进一步加强对这一目标的指向性和专注力。当这种有意注意有一些成果时，我们的学习兴趣也就培养起来了。所以兴趣既是学习的原因又是学习的结果。如牛顿对苹果落地现象的有意注意而发现了万有引力。

（五）自我寻找学习的乐趣：

其基本点是：坚信学习是一件乐事。训练方法：

1. 在学习前激励自己，自言自语，连说几遍，"我喜欢学习某科目"；"某科目其乐无比"。

2. 注意积累成功经验。

3. 培养好奇心：平时多向自己提问"为什么"，多与同学讨论问题，感受知识的魅力。

4. 学会兴趣的迁移：随时把不利于学习的兴趣转移到学习上来。

5. 把学习兴趣与理想和奋斗目标结合起来。

## 五、如何激发学习兴趣

（一）创设求知情境，激发和培养学习兴趣

兴趣能激发灵感，它不是自发的，是逐渐培养起来的。我在教学中特别注意合理设疑，唤起学习兴趣和求知情境。

1. 合理巧妙设疑，激发学生自学兴趣

实验证明，学生在学习过程中遇到的问题，如在老师的启发下，由他们自己求得答案，学习的积极性就高，兴趣也就浓。因此，启发性的"自学提要"是不容忽视的。自学前，我根据教材具体内容，简练地提出问题，作为自学提要。

2. 利用讨论环节，培养学生的自学兴趣

知识要互补，思想要共振，集体讨论也是很重要的，它既可以活跃课堂气氛，又可使学生信息得到交流，思维得到调整。

3. 讲究教学艺术，增强学习兴趣

布鲁纳认为"学习的最好刺激，乃是对所学材料的兴趣。"尤其是英语这门学科，它知识点琐碎，词汇繁多，在学生看来真是枯燥无味。因此教师要讲求艺术。讲课一定要生动活泼，充满热情和活力，语言也要通俗易懂和饶有兴趣。另外，还应该使用教具，如利用小黑板、卡片、幻灯、实物等直观教学手段来增强学习兴趣。

4. 传授学习方法，巩固记忆兴趣

在"自学指导"教学中，传授学习方法也是十分重要的，能起到巩固记忆兴趣的作用。这样，既增强趣味性，也能帮助学生较快地准确地记忆单词、短语、句型等。

5．归纳总结法

知识的积累在于总结，特别是英语，对于一些相似的短语和句式，如能很好地加以总结，将会终身难忘。我经常引导学生总结本节所学内容，这样，不但教会学生善于总结，也增强语言表达力，记忆的兴趣也得到巩固。

（二）融洽的师生关系，培养和激发学生自学兴趣

教学本来是"教"与"学"的结合，师生关系融洽，有利于调动学生的积极性，培养他们自学能力。因为学生没有心理上的压抑可以自由地"想、问、讨论"，而这些只有在师生感情融洽才得以实现。所以在授课时，时刻注意自己的表情不呆板，语言不生硬，课间多和学生打交道。

（三）加强趣味指导，引导学习兴趣

心理学的研究和教育工作的实践表明，采用生动的、适合学生心理发展水平的教育方式，也可以成功地培养学生的学习兴趣。例如，借一些有利于学习的书刊，让他们去阅读，利用板报介绍一些英语知识，出一些英语趣味题，揭示英语在改造客观世界中的作用，从而鞭策他们树立爱国之心，鼓励他们探索英语中的奥秘，以便更好地培养学习兴趣。

兴趣是培养学生自学不可忽视的重要因素之一，在对学生进行自学指导时，应该在培养学生学习兴趣上多下气力，促进学生积极主动学习。

## 六、学习兴趣的作用

兴趣是最好的老师，有了兴趣，才能谈如何学习，才能寻求学习的方法和技巧。托尔斯泰说过："成功的教学所需要的不是强制，而是激发学生的兴趣。"

只有提高学生的学习兴趣，才能使学生更加自主有效的学习。

# 第二节　培养健康的学习情感

## 一、学习情感的含义

学习情感是情感过程，是指人们对客观事物采取什么态度的过程。人们在认识客观事物时，不是冷漠无情、无动于衷，而总是带有某种倾向性，表现出鲜明的态度体验，充满着感情的色彩。因此，情感过程是心理过程的一个重要内容，也就是人与动物相区别的一个重要标志。根据情感色彩的程度可将情感过程分为情绪、情感和情操3个层次。学习情感，就是在学习过程中所产生的情感过程。

## 二、如何培养学生积极的学习情感

（一）建立平等民主的师生关系

交往与合作是新型师生关系的实质。建立在平等民主基础上的新型师生关系,是教育生活中最日常、最具体的表现。平等意味着教师和学生在人格上处于平等的地位,学生要尊师,但教师更应该或者说首先要爱生。而民主最重要的就是要有一个宽松和谐的学习环境和氛围,在此氛围中鼓励和提倡学生大胆发表自己的意见和见解。从中可以看出,这种合作和交往是双向互动且互惠互利,它充分体现了人性、人情和魅力。在新学期开始上课的几天里,笔者都会走到学生中去,具体地了解学生对于英语课型的设计,课堂节奏的快与慢,上课语言的组织,习题的讲解等方面的评价。从与学生交谈的过程中,找到一条既能优化英语课堂教学又能提高学生学习效率的教学方法。总之,建立在平等、民主基础上的交流与合作的新型师生关系,特别是真挚温馨的师生情感联系,对学生学习方式的转变,对促进学生全面和谐主动的发展,其意义非常重大。因此可以说,良好的师生关系就是一种教育教学的生产力,促进了教学质量的提升。

在我的教学中,总是以鼓励多、表扬多、批评少的原则去对待每一位学生。在学生表现好时,我会继续鼓励、继续表扬,使学生保持更高的学习积极性。当学生表现不好时,我会以一个眼神、或一句提醒的话语,通过侧面来提醒他。这样不会伤害某个学生的情感,才会保持学生积极的听讲态度。除此之外,我还会通过一些活动,来促进学生之间的融洽、民主、团结、相互尊重的关系,使得学生间建立起良好的学习氛围。

(二)教师注重自身的示范作用

在教学过程中教师用充沛的情感,专注的精神,坚强的毅力,丰富的现象,生动的语言,娴熟的技巧能感染学生,激发学生的学习情感,沟通师生之间心理关系,建立深厚的师生感情,把认识过程和情感过程统一起来，真正的做到"亲其师，信其道"的效果。苏霍姆林斯基曾说过："热爱自己学科的老师，他的学生也充满着热爱知识、科学的感情。"

（三）以情感化学生，引发积极情感

动情是引发情感主体积极的情感反应。对学生"晓之以理、动之以情"既是形成教育效果的条件，又是一种催化。教师必须具有真挚和丰富的情感，真心实意地关心爱护学生，尊重学生人格，加强与学生的情感交流，以情感化学生，以引发学生积极的情感。多与学生谈心，关注每一位学生在英语学习上的需要，及时地向学生伸出温暖的手，为学生排忧解难。如学生思想情感上出现障碍，辅之以深入细致的心理疏导，使之调整心态积极主动地学习；对学习上有困难的学生，给予学法指导、知识弥补，帮助其树立信心；对经济上的困难生，发动全班一起想办法献爱心，感受集体的温暖。学生总有犯错时，绝不能动辄批评、训斥，而要晓之以理，使之认识、改正错误，以宽容的心善待学生。只有在教育教学中公平、公正地对待每一位学生，以真情和循循善诱的课堂教学感化学生，降低他们紧张和焦虑的程度，减轻心理压力，满足他们安全感和归属感的需要，才能激发学生的学习热情，使他们身心愉快地参与语言学习。

（四）激发学生学习的动机，提高学生学习的兴趣

兴趣是人们力求认知事物和从事活动的一时倾向，表现为人们对某种事物或某项活动的选择性态度和积极的情绪反映。而针对于教学中学生的兴趣，其普遍功能就在于它能使学生以满腔的热情去从事各种学习实践活动，优化教学效果，从而提高学生学习的学习效率。如果学生对学习英语感兴趣就会表现为上课注意力

集中，课堂上踊跃回答老师提出的各种问题，课后和老师进一步探讨上课过程中的疑点和难点并有开拓性地找到解决问题的办法。

1．巧设情景

（1）实物巧设情景。实物是最常用的直观道具，教师应当利用那些易于准备和携带的实物，及水果、食品等内容时。通过让学生在游戏中亲自品尝、体验来猜食品的名称。这样，学生学起来有意思，不觉得枯燥。

（2）生活景观情景。

2．情感交融

在与学生情感沟通方面，我也会采取不同的方式、时间、场合。有时我会和所有学生一起讨论；有时我会单独与个别学生探讨。在讨论过程中，我是以学生朋友的身份，互相交流意见，尊重学生的个人意愿，保护学生的自尊心。

（1）施爱于细微之处

学生对教师举动的观察具有独特的敏感性，他们能从教师的一言一行、一颦一笑中感受到不同的意味。在日常的教学活动中，师生更多更大量的交往是发生在极平凡、细琐的接触中。包括作业、师生间的对话等。

（2）施爱于批评之时

批评易让学生产生不悦，反感甚至恼怒的情绪，因而在批评教育过程中，仍能让学生感受到教师的一片拳拳之心，是一件不容易的事。如果批评的度能够把握很好的话，就能够激起学生去克服不良的习惯，从而有一个很好的学习态度。如果此度没有达到，反而适得其反。

（五）在情感教学过程中培养学生的主动性和正确的情感观

在情感教学过程中，关注学生的情感——能够积极地并且是自信地学习，是学生学习状态很重要的标志。

（六）转变教育教学思想，更新观念

现代教学论认为，教学过程不仅要向学生传递知识，发展能力，而且还要培养学生学习兴趣，最终达到学生素质的全面提高。

（七）建立探究创新的心理情感

要建立这样的心理情感，教师在教学中要不断为学生增设"疑问"和"悬念"，激发学生的求知欲和探索问题的积极性；教师要发挥"导"的作用，让学生运用知识迁移规律，自己探索知识、发现规律，体验获得成功的喜悦。

## 三、事例

郭沫若在小学一年级读书时，老师讲历史课——《十六国春秋》，其中有许多胡人的名字，跟外国人的名字一样，非常难记，因而记人名便成为当时历史课的一只"拦路虎"。为了克服这个困难，一天，郭沫若约了一位要好的同学躲进一间阴暗的自修室里，两人苦读硬记，进行比赛，直到把整本历史课本一字一句背得滚瓜烂熟才走出屋子。

在后来的日子里，即使在年假期间，郭沫若都手不释卷，天天苦读。有一年年假期间，他把太史公司马迁写的《史记》，从头到尾通读了一遍，并一篇一篇地进行分析、校订和评价，在旁边写下批注，连《伯夷列传》里有一句被历代注家解释错了的话，他都在阅读过程中发现并加以校正。对其中一些精辟言论和难得的资料，郭沫若视为珍贵财宝，不惜时间和精力整篇整段地用毛笔把它抄录下来，放在案头，随时翻阅学习。

郭沫若一生写了不少诗词和文章，论著宏富。但他从事著述有个习惯，就是从来不让旁人代为抄写，一律都是自己动手。即使到了晚年，在他年近 80 高龄撰写《李白与杜甫》这部研究性著作时，因视力减退，有人提议让别人代抄，可他仍然不同意。他的不少书都是前后几次易稿，全都是他亲自逐字逐句地反复进行斟酌、锤炼、修改和抄写而成的。

## 第三节　培养适当的学习动机

### 一、学习动机的内涵

人的各种活动，都是由一定的动机所引起的。学生进行学习也总是为一定的学习动机所支配的。

学习动机是推动学生进行学习活动的内在原因，是激励、指引学生学习的强大动力。学习动机指的是学习活动的推动力，又称"学习的动力"。它并不是某种单一的结构。学生的学习活动是由各种不同的动力因素组成的整个系统所引起的。其心理因素包括：学习的需要，对学习的必要性的认识及信念；学习兴趣、爱好或习惯等。从事学习活动，除要有学习的需要外，还要有满足这种需要的学习目标。由于学习目标指引着学习的方向，可把它称为学习的诱因。学习目标同学生的需要一起，成为学习动机的重要构成因素。

## 二、学习动机的分类

（一）内部动机和外部动机

1. 内部动机：人们对学习本身的兴趣所引起的动机，动机的满足在活动之内，不在活动之外，它不需要外界的诱因、惩罚来使行动指向目标，因为行动本身就是一种动力。

2. 外部动机：由外部诱因所引起的动机，指人们由外部诱因所引起的动机的满足不在活动之内，而在活动之外，而是对学习所带来的结果感兴趣。

3. 具有内部动机的学习者能在学习活动中得到满足，他们积极地参与学习过程，而且在评估之前能对自己的学业表现有所了解，他们具有好奇心，喜欢挑战，在解决问题时具有独立性。

4. 具有外部动机的学习者一旦达到了目的，学习动机便会下降。另一方面，为了达到目标，他们往往采取避免失败的做法，或是选择没有挑战性的任务，或是一旦失败，便一蹶不振。

（二）认知内驱力，自我提高内驱力和附属内驱力

1. 认知内驱力：要求了解和理解的需要，要求掌握知识的需要，以及系统地阐述问题并解决问题的需要；最稳定最重要，主要是获得的。

2. 自我提高内驱力：个体的因自己的胜任能力或工作能力而赢得相应地位的需要，是成就动机的重要组成部分。

3. 附属内驱力：为了保持长者们的赞许或认可而表现出来的一种需要。

（1）学习者和长者在感情上具有依附性；

（2）学习者从长者方面博得的赞许或认可中将获得一种派生地位；

（3）享受到这种派生地位乐趣的人，会有意识地使自己的行为符合长者的标准和期望，借此获得并保持长者的赞许。

（三）高尚的、正确的动机和低级的、错误的动机

根据学习动机内容的社会意义，可以分为高尚的与低级的动机或者是正确的与错误的动机。高尚的、正确的学习动机的核心是利他主义，学生把当前的学习同国家和社会的利益联系在一起。例如，大学生勤奋、努力学习各门功课，是因为他们意识到自己在不久的将来是国家建设的中坚力量，肩负着祖国繁荣昌盛的重任，所以现在要打好基础，掌握科学知识。低级的、错误的学习动机的核心是利己的、自我中心的，学习动机只来源于自己眼前的利益。例如，有的大学生努力学习只是为了个人的名誉与出路或报答父母的养育之恩等。

（四）一般学习动机和具体学习动机

根据学习动机起作用的范围不同，可将学习动机分为一般动机和具体动机或性格动机和情境动机。一般动机是在许多学习活动中都表现出来的、较稳定、持久地努力掌握知识经验的动机。该类动机贯穿于学校生活的始终，甚至在以后的工作中或毕生都具有这类动机。另外，该类动机广泛存在于许多活动中，表现在对不同科目、不同课题、不同内容的学习都具有强烈的动机。一般动机主要产生于学习者自身，与其价值观念和性格特征密切相连，因而也称为性格动机，具有高度的稳定性。具有这种学习动机的学生，即使遇到教学能力低、教学责任感差的教师，也仍能认真

努力学习，是典型的"为读书而读书"者。

具体动机（specific motivation）是在某一具体学习活动中表现出来的动机。由这种动机支配的学生，常常只对某一门或某几门学科或内容感兴趣，而对其他学习内容则不予注意。这类学习动机多半是在学习过程中因学业成败或师生关系的影响而逐渐养成的。例如，在其学习经历中，如多科失败而只有一科成功，就可能只形成对该门学科的学习动机。如在师生关系中，只获得某位教师的关爱和接纳，很可能只对该教师任教的科目有兴趣。由于这类动机主要受到外界情境因素的影响，因而也称为情境动机，其作用是暂时的、不稳定的。

（五）近景的直接性动机和远景的间接性动机

根据学习动机的作用与学习活动的关系，可以分为近景的直接性动机和远景的间接性动机。近景的直接性动机是与学习活动直接相连的，来源于对学习内容或学习结果的兴趣。例如，学生的求知欲、成功的愿望、对某门学科的浓厚兴趣，以及教师生动形象的讲解、教学内容的新颖等都直接影响到学生的学习动机。这类动机作用的效果比较明显，但稳定性比较差，容易受到环境或一些偶然因素的影响。例如，一个小学三年级的学生数学成绩很好，这是因为任课教师讲得很生动，使枯燥的数字变成了一串串美丽的音符，容易理解与记忆，因此，学生在课后认真预习和复习，取得了好成绩。但这个学生对数学的兴趣并没有保持下去，因为换了任课教师，而这位教师讲得比较死板、乏味，学生觉得没意思，因此不怎么用心，成绩自然下降了。

远景的间接性动机是与学习的社会意义和个人的前途相连的。例如，大学生意识到自己的历史使命，为不辜负父母的期望，为争取自己在班集体中的地位和荣誉等都属于间接性的动机。那些高尚的、正确的间接性动机的作用较为稳定和持久，能激励学生努力学习并取得好成绩。而那些为父母、教师的期望或是为了自己的名声、地位的动机作用的稳定性和持久性相对比较差，容易受到情境因素的冲击。例如，在学习活动中遇到困难是常事，但受低级的、错误的间接性动机支配的学生在这种时候容易出现情绪波动，缺乏克服困难的勇气与力量，常常半途而废。

## 四、如何激发学习动机

（一）明确学习目标，诱发学习动机

为什么要学习？这是目前很多学生都回答不好的问题。由此我们不难看出目前学生的学习目标性不强，所以我们首先要从内部需求出发，使学生认识到自己的学习目标，自己是学习过程中的主人，只有自己亲自参与新知识的探索和问题的独立解决，才能真正锻炼自己的思维、开发自己的智力。在明确学习目标后，我们还要注意给学生制定短期、适当的学习期望，使学生有个努力的方向与目标，从而激发学生积极进取的精神。

（二）增强学习兴趣，维持学习动机

美国心理学家布鲁姆认为，最好的学习动机莫过于对所学知识本身具有内在的兴趣。所以我们在教学过程中，要努力让学生从内心愿意学、想学。常言道"亲其师，信其道"，教师应加强与学生的感情交流，增进与学生的友谊，关心、爱护他们，热情地帮助他们解决学习和生活中的困难，做学生的知心朋友，使学生对教师有较强的信任感、友好感、亲近感，这样学生自然而然地就会喜爱你的学科，愿意跟着你学。除增进友谊外，教师还要注意在课堂上多为学生创设有趣的学习情境和富有挑战意义的"问题"，这样学生就会感受到学习的趣味性，以及挑战胜利后的那种成功喜悦。通过成功所激发的兴趣，再次激起孩子进一步的求知欲望，从而推动其去获得更多更大的成功。

（三）开展竞争活动，激发学习动机

小学生的年龄特征决定着他们完全发自内心的学习动机是比较少的。所以我们教师应该注意为学生营造一种诱发学习动机的外部因素，来激发其主动、自觉的学习。适当开展学科竞争活动，可以提高学生学习积极性，使学生的好胜心、求知欲、学习兴趣以及克服困难的毅力大大加强，激发其学习动机，为自己和集体奋力学习。

（四）加强即时评价，强化学习动机

学习动机与学习效果相互促进、相互制约。学习结果的及时反馈，对强化和保持学习动机有着重要的作用。如以鼓励的形式对学生的学业成绩和行为进行评价，可以很好地激发学生的行为动机，起到调动学生积极性的作用。另外，含有期望因素的评语也能促使学生形成再接再厉、积极向上的心理，对加强学习动机有积极的作用。

## 五、学习动机的作用

1. 使个体的学习行为朝向具体的目标。具有某种动机的个体经常自己设定某种目标，并使自己的行为朝向这些目标。动机促使个体为达到某一目标而努力，影响个体作出某种选择，比如是玩游戏还是做作业。

2. 使个体为达到某一目标而努力。动机决定了个体在某一活动中所投入的努力、热情的多少。动机越强，努力越大，热情越高。

3. 激发和维持某种活动。研究表明，动机决定了学生在多大程度上能主动地从事某种活动并坚持下去。学生更愿意做他们想做的事情，并能克服某些困难以完成任务。

4. 提高信息加工的水平。根据信息加工理论，动机影响个体加工何种信息以及怎样加工信息。具有学习动机的学生注意力更集中，而注意在获取信息以进入工作记忆与长时记忆中起到关键作用。另外，该类学生在必要时更易于通过其他的多种途径来促进对某一任务的完成。研究还表明，具有学习动机的学生更倾向于进行有意义的学习，力求理解所学的内容，而不是在机械的水平上进行学习。

5. 决定了何种结果可以得到强化。学生取得学业成就的动机越强，则获得好成绩时的自豪感（自我强化）越强，而获得不良成绩时的受挫感或厌恶感越强。学生希望被同辈群体接纳和尊重的动机越强，则属于某一小群体会使他们感到欣慰，而被排斥于某一群体之外则会使他们感到痛苦。简言之，具有学习动机的学生因某种结果得到强化而趋向它，因某种结果受到惩罚而避开它。

6. 学习动机能够激发起适当的学习行为。学习动机促使学习者进入学习状态，自觉主动地进行各种学习活动。

7. 学习动机能够为学习行为定向。学习动机促使学习者有选择地进行各种学习活动，使学习活动指向特定的学习目标。

8. 学习动机能够维持学习行为。学习动机促使学习者在学习目标达到之前保持学习活动的强度，克服学习过程中的各种困难。学习动机的水平越高，学习者的努力程度越大，持续时间越长。

## 六、事例

老人与孩子

一群孩子在一位老人家门前嬉闹，叫声连天。几天过去，老人难以忍受。于是，他出来给了每个孩子一元钱，对他们说："你们让这儿变得很热闹，我觉得自己年轻了不少，这点钱表示谢意。"孩子们很高兴，第二天仍然来了，一如既往地嬉闹。老人再出来，给了每个孩子五角钱。他解释说，自己病了，只能少给一些。五角也还可以吧，孩子仍然兴高采烈地走了。第三天，老人只给了每个孩子一角。孩子们勃然大怒："一天才一角，知不知道我们多辛苦！"他们向老人发誓，他们再也不会为他玩了！

许多家长都希望孩子有良好的学习习惯，强烈的学习动机。我们做与不做一件事，都有动机驱使。人的动机分两种：内部动机和外部动机。外部动机，指人们为外在的金钱、名誉、奖励等做事的动机。如果驱使我们做事的是外部动机，我们就容易被外部因素所控制，成为金钱、名利等的奴隶。内部动机，指人们不为外在奖励、而是为内心的愿望而去做事情的动机。如果按照内部动机去行动，我们就是自己的主人。有家长经常说自己的孩子学习的主动性差，要催促多次才去学习，这就反映出孩子学习的内部动机不足，要靠外在因素推动才能去学习。要提高孩子学习的自觉性，就是要培养孩子强烈的内部学习动机。许多家长很关心孩子的学习成绩，这种"学习"，是学校里老师所教、考试所考、对将来升学有重大影响的学习。这只是狭义的"学习"。而广义上说，孩子成长的过程中，说话、走路、待人接物、做饭洗衣等等，人生一切皆需要学习。

## 第四节　怎样熟练地掌握知识

### 一、如何掌握知识

掌握知识是学生在校学习的主要任务之一。知识是人对客观世界认识的结果，是人类经验、思想、智慧赖以存在的形式。学生掌握知识一般包括：对学习材料的感知。

学生学习知识，一般是从对学习材料的感知开始。对学习材料的感知，就是通过各种感觉和知觉去观察有关事物，听取言语说明、阅读文字符号以获得丰富的感性知识的学习过程。

### 二、如何掌握和运用感知的规律

1. 目的越明确感知越清晰。
2. 对象从背景中突出则容易被感知。
3. 直观形象与语言指导相结合则感知更精确、全面。
4. 知识经验越丰富，感知越完善、迅速。
5. 对感知对象的态度越积极，感知越深刻。
6. 观察力越强对材料的感知效果越好。

对知识的理解同样很重要，在感性知识的认识的基础上，对学习材料的理解是学生掌握知识过程中的中心环节。理解学习材料一般是指领会学习材料中所讲的概念和原理，也就是在原有知识经验的基础上认识事物的本质特征和规律性联系。理解是通过原有的知识经验为基础，并通过积极的思维活动实现的。因此，知识经验的丰富正确，以及思维的发展水平都会影响理解的水平。

## 三、提高理解效果的方法

1. 丰富感性材料。
2. 引导积极思维，提高概括水平。
3. 以明确的语言揭示概念和原理的内容。
4. 通过应用加深理解。
5. 使知识系统化，明确学习材料。

## 四、事例

顾炎武自督读书

"天下兴亡，匹夫有责。"这个家喻户晓的名言，是由明末清初的爱国主义思想家、著名学者顾炎武最先提出的。

顾炎武自幼勤学。他 6 岁启蒙，10 岁开始读史书、文学名著。11 岁那年，他的祖父蠡源公要求他读完《资治通鉴》，并告诫说："现在有的人图省事，只浏览一下《纲目》之类的书便以为万事皆了了，我认为这是不足取的。"这番话使顾炎武领悟到，读书做学问是件老老实实的事，必须认真忠实地对待它。顾炎武勤奋治学，他采取了"自督读书"的措施：首先，他给自己规定每天必须读完的卷数；其次，他限定自己每天读完后把所读的书抄写一遍。他读完《资治通鉴》后，一部书就变成了两部书；再次，要求自己每读一本书都要做笔记，写下心得体会。他的一部分读书笔记，后来汇成了著名的《日知录》一书；最后，他在每年春秋两季，都要温习前半年读过的书籍，边默诵，边请人朗读，发现差异，立刻查对。他规定每天这样温课 200 页，温习不完，决不休息。

## 第五节　拥有良好的意志

### 一、意志的内涵

意志是人自觉地确定目的，并根据目的来支配，调节自己的行为，克服各种困难，以实现规定目的的心理过程。

学习意志力指个体为完成学习任务而持续地克服困难的能力，通常以学习者每次学习活动所持续的时间长短为标志。通俗一点来说，意志即是指人们自觉地克服困难，实现预定目标的心理过程。总之，意志力是引导和促进孩子学习、成长的一种内驱力，它对孩子智力与能力的发展起着动力和定向的作用。有的学生缺乏毅力，自觉控制能力较差，在学习中遇到困难时，往往不肯动脑思考，就知难而退，或转向教师、同学寻求答案。做事情没有持久性、稳定性，遇到小问题便退缩，对自己行为缺乏应有的控制能力，容易被外界一些事情所诱惑，缺乏责任感等。

## 二、意志的三个基本特征

1. 意志具有目的性
2. 意志具有调节支配作用
3. 意志总是与克服困难相联系

## 三、意志品质的表现及在学习中的作用

（一）意志品质表现

1. 学习过程中需要自觉性

学习活动是一个有目的、有计划的过程。学习过程中也需要学习者自觉按照预定的计划目标有目的地进行。

2. 学习过程中需要坚定性

在实现学习目标时不可能不遇到困难和阻力，有时这种困难阻力还是相当大的。需要学习者，依靠持之以恒、坚韧不拔的毅力和精神去克服。

3. 学习过程中需要果断性

学习过程中可能遇到突发的预料不到的事情，需要果断做出判断、采取措施，以保证学习的顺利进行。

4. 学习过程中需要自制性

在学习过程中，在同外界环境的接触中都可能会产生对学习活动由干扰影响作用的心理因素，如厌倦、懒惰、恐惧等等，需要有较强的自制能力。

## 四、如何培养良好的学习品质

树立科学的世界观、人生观、学习价值观和远大的人生志向。根据社会需要和自身的具体情况制定切实可行的远景目标、近期目标，有计划地按目标去努力实现自己的愿望，并对可能遇到的困难要充分估计，要指定克服困难的具体措施和办法。注意不断地调整目标。在学习过程中经常给自己设置一些难题，跟自己过不去，不断克服困难，在困难中磨炼自己，提高自己的意志。

## 五、意志的作用

1. 意志使认识活动更加广泛、深入。
2. 意志调节着人的情绪、情感。
3. 意志对人的自我修养具有重要意义。

## 六、怎样提高意志力

（一）积极主动

不要把意志力与自我否定相混淆，当它应用于积极向上的目标时，将会变成一种巨大的力量。

主动的意志力能让你克服惰性，把注意力集中于未来。在遇到阻力时，想像自己在克服它之后的快乐；积极投身于实现自己目标的具体实践中，你就能坚持到底。

（二）下定决心

美国罗得艾兰大学心理学教授詹姆斯·普罗斯把实现某种转变分为4步：

抵制——不愿意转变；

考虑——权衡转变的得失；

行动——培养意志力来实现转变；

坚持——用意志力来保持转变。

有的人属于"慢性决策者"，他们知道自己应该减少喝酒量，但决策时却优柔寡断，结果无法付诸行动。

（三）目标明确

普罗斯教授曾经研究过一组打算从元旦起改变自己行为的实验对象，结果发现最成功的是那些目标最具体、明确的人。

（四）权衡利弊

如果你因为看不到实际好处而对体育锻炼三心二意的话，光有愿望是无法使你心甘情愿地穿上跑鞋的。

（五）改变自我

然而光知道收获是不够的，最根本的动力产生于改变自己形象和把握自己生活的愿望。

道理有时可以使人信服，但只有在感情因素被激发起来时，自己才能真正加以响应。

（六）注重精神

大量的事实证明，好像自己有顽强意志一样地去行动，有助于使自己成为一个具有顽强意志力的人。

（七）磨炼意志

早在1915年，心理学家博伊德·巴雷特曾经提出一套锻炼意志的方法。其中包括从椅子上起身和坐下 30 次，把一盒火柴全部倒出然后一根一根地装回盒子里。他认为，这些练习可以增强意志力，以便日后去面对更严重更困难的挑战。巴雷特的具体建议似乎有些过时，但他的思路却给人以启发。例如，你可以事先安排星期天上午要干的事情，并下决心不办好就不吃午饭。

来自新泽西州的比尔·布拉德利是纽约职业篮球队的明星，除了参加正常的训练之外，他是每天一大早来到球场，独自一个人练习罚篮投准。"功夫不负有心人"，他终于成为球队里投篮得分最多的人。

（八）坚持到底

俗话说"有志者事竟成"，其中含有与困难作斗争并且将其克服的意思。

（九）实事求是

如果规定自己在 3 个月内减肥 25 千克，或者一天必须从事 3 个小时的体育锻炼，那么对这样一类无法实现的目标，最坚强的意志也无济于事。而且，失败的后果会将最终使自己再试一次的愿望化为乌有。

在许多情况下，将单一的大目标分解或许多小目标不失为一种好办法。

（十）逐步培养

坚强的意志不是一夜间突然产生的，它在逐渐积累的过程中一步步地形成。中间还会不可避免地遇到挫折和失败，必须找出使自己斗志涣散的原因，才能有针对性地解决。

实践证明，每一次成功都将会使意志力进一步增强。如果你用顽强的意志克服了一种不良习惯，那么就能获取与另一次挑战决斗并且获胜的信心。

　　每一次成功都能使自信心增加一分，给你在攀登悬崖的艰苦征途上提供一个坚实的"立足点"。或许面对的新任务更加艰难，但既然以前能成功，这一次以及今后也一定会胜利。

## 七、事例

　　宋濂冒雪访师

　　明朝著名散文家、学者宋濂自幼好学，不仅学识渊博，而且写得一手好文章，被明太祖朱元璋赞誉为"开国文臣之首"。宋濂很爱读书，遇到不明白的地方总要刨根问底。这次，宋濂为了搞清楚一个问题，冒雪行走数十里，去请教已经不收学生的梦吉老师，但老师并不在家。宋濂并不气馁，而是在几天后再次拜访老师，但老师并没有接见他。因为天冷，宋濂和同伴都被冻得够呛，宋濂的脚趾都被冻伤了。当宋濂第三次独自拜访的时候，掉入了雪坑中，幸被人救起。当宋濂几乎晕倒在老师家门口的时候，老师被他的诚心所感动，耐心解答了宋濂的问题。后来，宋濂为了求得更多的学问，不畏艰辛困苦，拜访了很多老师，最终成为了闻名遐迩的散文家。

## 第六节　良好性格的形成

## 一、性格的含义

　　性格是个体对现实比较稳定的态度，以及与此相适应的习惯化的行为方式。性格是人格结构中表现最明显也是最重要的心理特征。

性格是指表现在人对现实的态度和相应的行为方式中的比较稳定的、具有核心意义的个性心理特征，是一种与社会相关最密切的人格特征，在性格中包含有许多社会道德含义。性格表现了人们对现实和周围世界的态度，并表现在他的行为举止中。性格主要体现在对自己、对别人、对事物的态度和所采取的言行上。

## 二、性格的表现

1. 表现在对待现实的态度方面。如表现在对社会、集体、他人的态度上，有热情与冷淡、正直与奸诈、真诚与虚伪、勇敢与怯弱、勤劳俭仆与懒惰浮华，人道主义与冷酷无情、亲切有礼貌与粗暴生硬等等。其中对社会的态度是性格的核心。鲁迅在旧社会严酷的斗争环境中养成了一种严峻、顽强的性格。对敌人"横眉冷对千夫指"，对同志"俯首甘为孺子牛"。雷锋在日记中写道："对待同志要像春天般的温暖，对待工作要像夏天一样火热，对待个人主义要像秋风扫落叶一样，对待敌人要像严冬一样残酷无情。"这些表现了他们对社会的可贵的性格特征。

2. 表现在意志方面，构成性格的意志特征。对自身言行的自觉调节方式上，有目的性、独立性、组织性、纪律性等等；在对自身行为自觉控制的水平上，可以形成自觉性、主动性、独创性、自主性等性格特征；面对紧急与困难条件时，可以表现出怯弱与勇敢、忧柔寡断与多谋善断等不同的性格特征。

3. 表现在情绪方面，构成性格的情绪特征。具体来说，性格表现在情绪活动的强度、稳定性、持久性和主导心境4个方面。比如，易冲动、暴躁、放纵、粗犷、愉快或忧郁、兴奋或焦虑，如此等等。

4. 表现在认识活动中，构成性格的理智特征。如观察的精细与笼统、思维的灵敏与迟缓、想象的广阔与狭窄等。一个人的性格是在长期的生活实践中，同环境的相互作用而形成和发展起来的。在家庭、学校、社会和个人经历等因素的共同影响下，逐渐塑造了一个人的独特的性格。

## 三、性格在学习中的作用

1. 独立型和内向型性格的学习者。在学习过程中善于独立思考、善于多思，学习踏实、细致，有助于对知识的深入理解和掌握；但容易忽视在交往过程中主动接受他人的积极影响。

2. 顺从和外向型性格的学习者。能够注意在交往过程中主动接受他人思想，但是往往习惯于简单盲从，不善于深入思考理解或者是浮躁不踏实。

## 四、如何培养良好的性格

1. 对自己的性格特征要做到自知之明。

2. 既要看到本身性格特征对学习的积极方面，也要看到其消极方面。

3. 努力增强对学习的社会责任感。

4. 树立学习榜样。

5. 经常参加一些课外活动和社会实践。

6. 培养坚忍不拔、持之以恒的意志。

## 五、事例

爱因斯坦（1879—1955）物理学家，生于德国。1900年毕业于苏黎世工业大学并入瑞士籍，1940年入美国籍，在物理学多个领域均有重大贡献，其中最重要的是建立了狭义相对论，并在此基础上推广为广义相对论。因物理学方面的贡献，特别是发现光电效应定律，于1921年获诺贝尔物理学奖。爱因斯坦是20世纪最伟大的科学巨人之一，他创立的相对论的观念和方法，对理论物理学的发展具有极其深刻的影响，甚至可以说，具有"改变世界"的重大意义。那么，这样一位科学巨子的童年时代，又是如何度过的呢？1882年，爱因斯坦来到这个世界已经3年了，却不像其他孩子那样天真活泼，爱说爱笑。他总喜欢静静地坐在客厅里，歪着脑袋认真地倾听从母亲的指间流淌出来的优美动人的音乐。母亲看着他那聚精会神的憨样，开心地笑了，说道："瞧你一本正经的模样，简直就像一个教授！嗨，我的小宝贝，你为什么不说话呀？"爱因斯坦动了动嘴唇，没有回答母亲的问话，但他那对亮晶晶的眼睛却扑闪扑闪地不断眨动着，显示出快乐的光芒，他的内心已经体会到音乐的优美流畅，但他却说不出口。爱因斯坦的父亲喜欢郊游，经常兴高采烈地带着全家人到野外去游玩。

小爱因斯坦十分喜欢这种活动，那美丽动人的湖光山色，那耸入云霄的参天大树，那颂歌般的松涛，那金色的阳光，都使他沉醉，然而，他却不爱说话，不能用语言把这一切表达出来。而比他小的妹妹却像一只百灵鸟，一路上欢快地唱着、叫着。邻居家的孩子们经常在一起玩游戏，小家伙们在一起尽情地唱呀、跳呀、叫呀，可这里面却没有爱因斯坦的身影。他喜欢一个人静静地坐在客厅的角落里玩搭积木，一玩就是老半天，然后默默地坐着，忘情地欣赏自己的杰作。就这样，小爱因斯坦已经四五岁了还不大会说话，这时，父母有点儿着急了："难道他是低能儿，是个傻子？"父母亲赶紧为他请来了医生，却没有检查出什么毛病。小爱因斯坦在常人眼里，并不是一个聪明的孩子，这一方面是因为他不大会说，一方面则因为他总是提出一些稀奇古怪的问题，让人觉得有些低能、傻气，大人们甚至怀疑他的智商是否有障碍。人们无法理解，这个幼小孩子所提出的貌似可笑无知的问题，原来出自对未知世界的强烈求知欲。爱因斯坦那被人误认为平庸低能的小脑瓜里，充满了对这个陌生世界的苦思冥想、百思不解，几乎没有安宁的时候。在爱因斯坦四五岁的时候，一天，爸爸送给他一件小玩具——罗盘。对新鲜事物充满好奇的小爱因斯坦为此心花怒放，立刻爱不释手地摆弄起来。罗盘中间有一根指北针，尖端一头涂着红色，颤巍巍地抖动着，总是顽固而坚定不移地指向北方。爱因斯坦小心翼翼地转动盘子，想偷偷改变指针的方向，但无论他怎样转来转去那根针就是不听指挥，红色的那端依然牢牢地指向北方。小爱因斯坦急了，猛的一转身子，从朝北转向朝南，心想："这个指北针总该跟着我走了吧？"但是定睛一瞧，他不由大吃一惊：红色的一端依旧指着北方！"太奇怪了……"爱因斯坦不知所措地喃喃着，"这到底是为什么呢？"他想去向父亲询问，可灵机一动，他马上自己做出了解答："对，这根针的旁边一定有什么东西在推着它，所以它能永远保持一个方向。"于是他翻来覆去地研究罗盘，想在指针周围找出那神秘的东西。但令他大失所望的是，他什么也没找到。这个童年之谜就此深深刻印在他的记忆中，挥之不去。也许，爱因斯坦日后对电磁场的深入研究，其灵感就是源于童年时代那谜一样的小玩具罗盘。爱因斯坦的童年本来就沉默寡言，不爱说话，如今有了罗盘这个有趣的伙伴，他整天精神恍惚，越发沉默不语，父母还以为这次他是真的病了呢。这件有关罗盘的童年往事，给爱因斯坦留下深深的印象，甚至在许多年后，他还常津津有味地回忆。到了上学的年龄，与同龄孩子相比，小爱因斯坦依然显得十分木讷，动作迟缓呆笨。在班上，他的学习成绩很差，每次被老师叫起来背诵课文，便呆头呆脑一句也念不出来。同学们私下里都嘲笑他，认为他是一个"差劲的落伍生"。爱因斯坦就这样开始了他的求学生涯。他虽然很愚笨，然而却很善良、虔诚，同学们给他起了一个绰号叫"老实头"。6岁时，爱因斯坦迷上音乐，开始学习小提琴，小提琴奏出的优美音乐将他带入了一个美妙的境界，音乐曾一度使他着迷。然而，练习小提琴时机械、重复的弓法和指法又令他心生厌倦。就这样，小爱因斯坦以平淡无奇开始了小学生活，又以平淡无奇而结束。此时的小爱因斯坦与同龄人相比，不仅没有超长之处，反而多几分笨拙。10岁那年，小爱因斯坦告别了小学，成了一名中学生。此时的德国军国主义思想如洪水猛兽般到处泛滥，到处横冲直撞。在学校里也不例外。那些老师像军人一样将希腊文、拉丁文一个劲儿地往学生头脑里塞，而学生的职责就是背、背，整天都是背。对这种学习方式，小爱因斯坦烦透了，有意无意间将自己的兴趣转移到了自学数学上，数学成了他中学时代的最大的业余爱好。爱因斯坦的叔叔是一个工程师，对数学也很喜欢，有一次在纸上画了一个直角三角形，写了 $AB^2 + BC^2 = AD^2$，并满脸神秘地爱因斯坦说："这就是大名鼎鼎的毕达哥拉斯定理，两千多年以前的人就会证明了，你也来试一试。"12 岁的爱因斯坦此时还不懂得什么叫几何，但他被这个定理迷住了，决心试一试，他一连几个星期苦苦思索，寻找着证明的方法，到第三个星期的最后一天时，竟然被他证明出来了。他第一次体会到创造的快乐，他的创造才能萌动了。随着年龄的增大，爱因斯坦的眼界逐渐开阔，能使他产生兴趣的事物也变得越来越复杂。12 岁时，爱因斯坦得到一本硬皮精装的几何教科书。他怀着兴奋神秘而又略带恐惧敬畏的心情把书翻开，从头一页欧几里得的第一条定理读起，越看越入迷，竟然一口气把全读完，深深为几何定理的精密、明确和严整所折服。对一些定理，他反复地进行琢磨和思考，有时还尝试着撇开已有的论证方法，另辟蹊径，自己来重新证明，爱因斯坦总会高兴得欣喜若狂，他第一次深切体会到发现真理的巨大快乐。爱因斯坦幼年时代的好奇心得到进一步发展，同时他的自信心也逐步增强。不久，他又自学了高等数学，中学里的老师已不是他的对手。当他的同学们还在全等三角形中跋涉时，小爱因斯坦已经遨游在微积分的天地里了。爱因斯坦在数学王国里成绩卓著，而其他学科引不起小爱因斯坦的兴趣，成绩就很差，不少老师对他这种学习态度都很看不惯，并多次责备过他。一次，小爱因斯坦的父亲问学校里的教导主任，自己的儿子将来可以从事什么职业，这位老师竟直言说道："做什么都没有关系，你的儿子将是一事无成。"这位老师对小爱因斯坦的成见非常深，认为他是一块朽木，已再无雕刻的价值，竟勒令他退学。就这样，爱因斯坦15岁那年就失学了，连毕业证都没有拿到。爱因斯坦自幼养成了爱读书、爱思考问题的好习惯。有一段时期，他对《大众物理科学丛书》这本通俗科学读物着了迷，无论走到哪里，都要把这本书带在身边，时时翻阅。正是这本书，不但使爱因斯坦破除了宗教权威的迷信，而且引导他立下了探索自然奥秘的宏图大志。在少年爱因斯坦的身边，还总是带着一个小笔记本，那是为随时记下灵感的火花而用的。16岁那年，又一个极富挑战性的问题占据了他的头脑：假如某种光的接收器，比如：人的眼睛或者是摄影机，跟随在光的后面，用光速飞奔，那么，会发生什么情形呢？他把问题捕捉住，记在本子上。但正确的答案又去哪里寻找呢？他百思不得其解，又为自己设置了一个新的难题、新的挑战。正是这个令爱因斯坦日思夜想的高难问题，孕育了未来相对论的神奇萌芽。也许，这可以看作是小爱因斯坦向科学堡垒发起的第一次勇敢进攻。小爱因斯坦日后之所以能取得辉煌成就，与他的家庭是分不开的。他生长在无忧无虑的家庭环境中，父母对他是十分宽容的。他的父母在他的成长道路上所扮演的就是保护他的气质与性格免受不良因素的影响。当爱因斯坦的"天才"还没有发挥出来，还显得很笨拙的时候，他的母亲很着急，担心自己的孩子将来一无所成，而他的父亲则说道："不用把此放在心上，孩子只是不能适应学校的规则，及学校机械的教学罢了。等他长大了，了解了周围的一切后，就可以顺利适应了。"父母没有将他视为

"弱智儿"，没有因为功课不好、被学校开除而责打他，而是给他一个很宽松的环境，循循善诱地帮助他成长与发展。1895年的秋天，16岁的爱因斯坦离开了亲人，独自登上开往苏黎世的列车，开始了人生新的里程。

## 第七节　克服严重的学习焦虑

### 一、学习焦虑

严重学习焦虑是指在学习过程中由于担心学习失败，有损自尊或担心目标不能实现而产生的一种情绪反应。

学习焦虑常表现为心神不宁、自卑自责、头疼头晕、惶恐急躁等。过度的焦虑使得注意力难以集中，干扰记忆的过程，影响思维的活动，而且对身心健康产生很大的危害。学习焦虑不仅是学习优异的拦路虎，而且是我们生命中的一种慢性自杀。

### 二、焦虑的效果

一般来说，焦虑是一种不愉快和破坏性的体验，人们总是尽量避免焦虑，但是人们经常忽视焦虑的正面效果，即焦虑有正面影响，也有负面影响。

### 三、学习焦虑的来源

在环境的影响下，有些学生形成了不适当的学习目标和抱负，千方百计希望通过学习保护自己的自尊心不受损害，而自信心又不足，心理压力很大，就会有严重的学习焦虑。有些学生由于对以前考试失败和挫折体验太深刻，也会产生严重的学习焦虑。此外，个性敏感，容易焦虑的学生更容易陷入此种状态。

导致焦虑水平异常的原因大体可分为外部性因素和内部性因素两类。外部性因素来自于社会、学校、家庭，是学生焦虑异常的促发剂。比如说当前学生面临升学、就业的激烈竞争，社会、学校、家庭存在一种"以学业成败论英雄"的价值导向，学习的重负对大部分学生的自信心和价值感构成严重的威胁，一旦学生在学习中遇到挫折和失败，即可能产生焦虑度过高的现象。但是，对于学习焦虑起根本作用的，还是内部性因素。导致学生学习焦虑异常的内部性因素主要包括某些具有不良影响的成就动机，心理定势，情绪、情感，气质类型和学习成败的归因分析等等。

无论是外部性的因素，还是内部性因素，或是它们内部之间的各种因素，对学生焦虑异常的学生，都是交互发生作用的，形成一种恶性循环，使这些学生的心理承受过量或不足刺激。这是社会、学校、家庭和学生自身之间一种教育失调的综合反应。通过具体分析某个学生学习焦虑异常的原因，就可以对学生进行切实有效的心理教育。

## 四、表现

注意力不能集中，在问题面前显得呆板固执，学习效率很低。为了减轻学习焦虑，他们常常采取回避和退缩的方式消极地对待问题，过早放弃努力，这样反而使他们不能取得应有的成绩，令他们自责自卑，从而进一步增加焦虑，导致恶性循环，并会影响身心健康。

1. 学生学习勤奋努力，要求自己颇为严格，把满足师长的愿望当成自己的学习奋斗目标。他们在学习上唯恐出丝毫差错，稍有不顺，便自责不已，甚至有负罪感。他们不论学习能力强弱，都会因一时的失误导致对自己能力的怀疑而忧心忡忡。

2. 由于学习基础较差，或因学习能力较弱，学习成绩往往不理想。他们有较重的自卑感，却总是想获得成绩好的同学的那种"风光"、"地位"，于是埋头学习，暗地里与人攀比，同时又十分计较别人对自己的态度和自己在同学中说话的分量。他们平时不太言语，羞于与人交往，不愿与人谈论学习，以保"面子"，逐渐脱离群体，变得孤独。

3. 学生的能力较强，学习刻苦、自觉，但对自己能力的估计往往超过自己的实际水平，给自己定的目标过高，总认为自己高人一等，看不起周围同学，一心想出类拔萃，终日辛劳，却有"付出"多于"收获"的失落感，又不甘于现状。过度关心自己的学习成绩的名次，嫉妒成绩比自己好的同学，一点小小的挫折就能造成他们情绪上的波动，甚至怀疑自己的意志力，责备自己不够坚强，未能完成计划。

4. 学生对考试有一种恐惧感，总是担心考试成绩不理想。他们平时学习情况比较正常，但每逢考试就紧张不安，出现审题不清、解答不如平时的情况，有的人连听到他人翻动试卷的声音都害怕，以为时间不够用了，手忙脚乱，匆忙答题，也顾不上正确与否了。严重的还会出现思维混乱，记忆力短时消失，头脑中一片空白，连最简单的题目也不会解答。

## 五、如何克服

正确认识和评价自己的能力，确立切合自身实际的抱负和期望，增强自信和毅力，不怕困难和失败，保持适度的自尊心，降低对胜败的敏感度，保持情绪的稳定，掌握最适合自己，切实有效的学习方法，运用放松法，系统脱敏法等心理治疗方法等等，都有助于避免或克服严重的学习焦虑。

（一）思想调节

首先要增强自信心，提高自我评价的能力。既要看到自己的短处，更要看到自己的长处，自我鼓励，奋发向上。其次，培养自己的耐挫力。随着社会的发展，竞争必将越来越激烈。人的一生中包括现在的学习都可能受到大大小小的挫折和打击，这就是耐挫能力。在打击挫折面前，应保持冷静沉着的态度，不害怕，不消沉，找出原因，自我调整，争取进步与成功。再次，要有乐观豁达的心胸。受到刺激要镇定自若，处惊不乱，超然洒脱，乐观大度。

（二）生理调节

其一是呼吸松弛调节。当自我感觉到心理比较紧张时，可改变原来的呼吸节奏，采用缓慢的稳定的呼吸方法，连续多次，可达到消除紧张情绪和平衡心理的目的。其二是肌肉松弛的调节。如近几天一直情绪紧张，可选择安静的环境休息一下，听听轻松的音乐，躺一会，让全身各处肌肉得到放松。其三是转移想象。如某伯事使自己的心情十分压抑，就可去多想想能使自己愉快的人或事。

（三）学习实践的调节

俗话说"艺高胆大"，如果自己的知识扎实，学得认真，复习得充分，就不怕考不到好分数，也不会怕考试测验，紧张心理即会自行消除。所以一定要认真踏实地搞好学习。

（四）自我调节

1. 自我松弛。应充分认识到焦虑症不是器质性疾病，对人的生命没有直接威胁，因此病人不应有任何精神压力和心理负担。也就是从紧张情绪中解脱出来。比如：你在精神稍好的情况下，去想象种种可能的危险情景，让最弱的情景首先出现。并重复出现，你慢慢便会想到任何危险情景或整个过程都不再体验到焦虑。此时便算终止。

2. 增加自信。自信是治愈神经性焦虑的必要前提。一些对自己没有自信心的人，对自己完成和应付事物的能力是怀疑的，夸大自己失败的可能性，从而忧虑、紧张和恐惧。因此，作为一个神经性焦虑症的患者，你必须首先自信，减少自卑感。应该相信自己每增加一次自信，焦虑程度就会降低一点，恢复自信，也就是最终驱逐焦虑。学会正确处理各种应急事件的方法，增强心理防御能力。培养广泛的兴趣和爱好，使心情豁达开朗。

3. 自我刺激。焦虑性神经症患者发病后，脑中总是胡思乱想，坐立不安，百思不得其解，痛苦异常。此时，患者可采用自我刺激法，转移自己的注意力。如在胡思乱想时，找一本有趣的能吸引人的书读，或从事紧张的体力劳动，忘却痛苦的事情。这样就可以防止胡思乱想再产生其他病症，同时也可增强你的适应能力。

4. 自我催眠。焦虑症患者大多数有睡眠障碍，很难入睡或突然从梦中惊醒，此时你可以进行自我暗示催眠。如：可以数数，或用手举书本读等促使自己入睡。